Baedeker
Allianz Reiseführer

# Ibiza
## Formentera

VERLAG KARL BAEDEKER

# Hinweise zur Benutzung

Sternchen (Asterisken) als typographische Mittel zur Hervorhebung bedeutender Bau- und Kunstwerke, Naturschönheiten und Aussichten, aber auch guter Unterkunfts- und Gaststätten hat Karl Baedeker im Jahre 1844 eingeführt; sie werden auch in diesem Reiseführer verwendet: Besonders Beachtenswertes ist durch * einen vorangestellten 'Baedeker-Stern', einzigartige Sehenswürdigkeiten sind durch ** zwei Sternchen gekennzeichnet.

Zur raschen Lokalisierung der Reiseziele von A bis Z auf der beigegebenen Inselkarte sind die entsprechenden Koordinaten der Kartennetzmaschen jeweils neben der Überschrift in Rotdruck hervorgehoben: Sant Antoni de Portmany **C 2**.

Farbige Streifen an den rechten Seitenrändern erleichtern das Auffinden der Großkapitel des vorliegenden Reiseführers: Die Farbe Blau steht für die Einleitung (Natur, Kultur, Geschichte), die Farbe Rot für die Sehenswürdigkeiten, und die Farbe Gelb markiert die praktischen Informationen.

Wenn aus der Fülle von Unterkunfts-, Gast- und Einkaufsstätten nur eine wohlüberlegte Auswahl getroffen ist, so sei damit gegen andere Häuser kein Vorurteil erweckt.

Da die Angaben eines solchen Reiseführers in der heute so schnellebigen Zeit fast ständig Veränderungen unterworfen sind, kann der Verlag weder Gewähr für die absolute Richtigkeit leisten noch die Haftung oder Verantwortung für eventuelle inhaltliche Fehler übernehmen. Auch lehrt die Erfahrung, daß sich Irrtümer kaum gänzlich vermeiden lassen.

Baedeker ist ständig bemüht, die Qualität seiner Reiseführer noch zu steigern und ihren Inhalt weiter zu vervollkommnen. Hierbei können ganz besonders die Erfahrungen und Urteile aus dem Benutzerkreis als wertvolle Hilfe gar nicht hoch genug eingeschätzt werden. Vor allem **Ihre Kritik, Berichtigungen und Verbesserungsvorschläge sind uns stets willkommen**. Sie helfen damit, die nächste Auflage noch aktueller zu gestalten. Bitte schreiben Sie in jedem Falle an die

Baedeker-Redaktion
Karl Baedeker GmbH
Marco-Polo-Zentrum
Postfach 31 62
D-73751 Ostfildern.

Der Verlag dankt Ihnen im voraus bestens für Ihre Mitteilungen. Jede Einsenderin und jeder Einsender nimmt an einer jeweils zum Jahresende unter Ausschluß des Rechtsweges stattfindenden Verlosung von drei JRO-Leuchtgloben teil. Falls Sie gewonnen haben, werden Sie benachrichtigt. Ihre Zuschrift sollte also neben der Angabe des Buchtitels und der Auflage, auf welche Sie sich beziehen, auch Ihren Namen und Ihre Anschrift enthalten. Die Informationen werden selbstredend vertraulich behandelt und die persönlichen Daten nicht gespeichert.

*Titelbild: Badestrand an der Cala Portinatx*

◂ *S. 1: Wappenschild von Ibiza an der Reial Curia von Eivissa*

# Vorwort

Dieser Reiseführer gehört zur neuen Baedeker-Generation. In Zusammenarbeit mit der Allianz Versicherungs-AG erscheinen bei Baedeker durchgehend farbig illustrierte Reiseführer in handlichem Format. Die Gestaltung entspricht den Gewohnheiten modernen Reisens: Nützliche Hinweise werden in der Randspalte neben den Beschreibungen herausgestellt. Diese Anordnung gestattet eine einfache und rasche Handhabung.

*Die Kirche von Sant Carles beeindruckt durch klare Form*

Der vorliegende Band hat die auch als Pityusen bekannten westlichen Balearen zum Thema, und zwar vor allem Ibiza, die größere der Pityuseninseln, sowie das südlich davon gelegene Formentera. Der Reiseführer gliedert sich in drei Hauptteile: Im ersten Teil wird über Allgemeines, landschaftliche Gliederung, Klima, Pflanzen und Tiere, Bevölkerung, Sprache und Literatur, Sitten und Bräuche, Wirtschaft, berühmte Persönlichkeiten, Geschichte sowie Kultur- und Kunstgeschichte berichtet. Einige Routenvorschläge leiten über zum zweiten Teil, in dem die touristisch interessanten Städte, Orte und Landschaften mit ihren Sehenswürdigkeiten beschrieben werden. Daran schließt ein dritter Teil mit reichhaltigen praktischen Informationen, die dem Besucher das Zurechtfinden vor Ort wesentlich erleichtern. Sowohl die Sehenswürdigkeiten als auch die Informationen sind in sich alphabetisch geordnet. Baedeker Allianz Reiseführer zeichnen sich durch Konzentration auf das Wesentliche sowie Benutzerfreundlichkeit aus. Sie enthalten eine Vielzahl eigens entwickelter Pläne und zahlreiche farbige Abbildungen.

Zu diesem Reiseführer gehört als integrierender Bestandteil eine ausführliche Inselkarte, auf der die im Text behandelten Reiseziele anhand der jeweils angegebenen Kartenkoordinaten leicht zu lokalisieren sind. Wir wünschen Ihnen mit dem Baedeker Allianz Reiseführer viel Freude und einen erlebnisreichen Aufenthalt auf Ibiza und Formentera!

Baedeker
Verlag Karl Baedeker

# Inhalt

## Natur, Kultur Geschichte
Seite 8 – 35



## Reiseziele von A bis Z
Seite 36 – 85



## Praktische Informationen von A bis Z
Seite 86 – 139

## Baedeker Specials

# Insel der

In der Zeit vor den fünfziger Jahren war Ibiza ein wirklicher Geheimtip – hierher verirrte sich nur, wer Ursprüngliches weitab der damaligen mondänen Urlaubszentren suchte und bereit war, auf jeglichen zeitgemäßen Komfort zu verzichten. Und so blieb es, bis die Generation der Hippies und Blumenkinder die Pityusen entdeckte. Hier fanden sie, was ihnen in ihren Träumen von einer toleranten, tabufreien und harmonischen Gemeinschaft als eine Vorstufe des Paradieses vorgeschwebt war. Die freundliche Distanziertheit der Inselbewohner kam ihnen genauso entgegen wie die unverfälschte Natur: Unzählige kamen, viele sind geblieben.

Bäuerliche Tracht

*sieht man nur noch abseits der Touristenzentren*

Die Freizügigkeit jener Tage machte die Insel bald berühmt und lockte ein Publikum an, das für die Urlaubswochen auf alle Zwänge des Alltags pfeifen und sich in jeder Hinsicht amüsieren wollte. Auch die internationale High Snobiety gesellte sich hinzu, und im Lauf der Jahre entstand das großzügigste und lebhafteste Nachtleben im ganzen Mittelmeerraum. Noch heute gibt es auf Ibiza Diskotheken, die zur absoluten Weltspitze gehören. Daß auch Alkohl- und Drogenkonsum und sexuelle Freizügigkeit die Szene prägten, war nur konsequent.

Die Besucherzahlen stiegen von Jahr zu Jahr. Und es wurde laut. Die reifer gewordenen Blumenkinder der ersten Stunde begaben sich auf den Rückzug in entlegenere Teile der Insel, die sich ihre Ursprünglichkeit bewahrt hatten. Die liebevoll kultivierten, bunten und vielbesuchten – und auch ein wenig stärker kommerzialisierten

# Kontraste

– Hippie-Märkte, die es an vielen kleineren Inselorten noch immer gibt, muten an wie ein letzter Abglanz jener fernen Tage.
Auf die Dauer blieb den Verantwortlichen nicht verborgen, daß der Ruf Ibizas an Glanz einzubüßen drohte; das böse Wort von der 'Balearisierung' im Sinne eines totalen Ausverkaufs machte die Runde. Inzwischen setzt man auf Qualitätssteigerung. Billigquartiere aus der Zeit des ersten Booms müssen komfortableren Unterkünften weichen, und man begann, die Landschaften und alten Kulturdenkmäler außerhalb der Urlauberhochburgen aktiv zu schützen. So ist die Insel heute ein vielseitiges Ziel, das Erlebnisurlaub ebenso gestattet wie bukolische Beschaulichkeit. Zwar wünschen sich die Verantwortlichen einen Ganzjahrestourismus (wie auf der großen Schwesterinsel Mallorca), aber noch ist es zwischen Oktober und April still auf Ibiza. Wer auf High Life und Badefreuden verzichten kann, hat dann die Insel und ihre Natur fast für sich allein.
Wer Landschaft pur genießen möchte, dem bietet die kleine südliche Nachbarinsel Formentera Ruhe im Überfluß. Weite Sandstrände, flache Binnenseen und eine Infrastruktur, die diesen Namen kaum verdient, sind so recht dazu geeignet 'die Seele baumeln zu lassen'. Wenig bekannt ist, daß das kleine Eiland in einem der utopischen Romane von Jules Verne eine literarische Rolle spielt und daß man dem Verfasser neben dem Leuchtturm auf Formenteras Ostspitze ein Denkmal gesetzt hat.

Streng stilisiert

*sind die Golgatha-Gruppen der Inselkirchen*

Versunken im Blütenmeer

*sind die traditionellen weißen Gebäude der Insel*

Sand und Sonne satt

*genießt man an den berühmten Badestränden von Ibiza*

Aus den Tagen der Freibeuter

*stammen die Wehrtürme, die es noch vielerorts auf der Insel gibt*

# Natur, Kultur Geschichte

# Zahlen und Fakten

## Allgemeines

Gebietsbestimmung

In diesem Reiseführer werden die Inseln Ibiza und Formentera beschrieben. Man bezeichnet sie zusammen mit ihren kleinen Nebeninseln auch als Pityusen; sie bilden den westlichen Teil der insgesamt als Balearen bekannten spanischen Inselgruppe im westlichen Mittelmeer.

Den Inseln Mallorca, Menorca und Cabrera, die den östlichen Teil der Gruppe darstellen, ist ein gesonderter Baedeker Allianz Reiseführer gewidmet.

Inselgruppe

Die Inselgruppe der Balearen, der Südostküste des spanischen Festlands im westlichen Mittelmeer zwischen 1° und 4° östlicher Länge sowie 38° und 40° nördlicher Breite vorgelagert, besteht aus den eigentlichen Balearen (katalan. Illes Balears, span. Islas Baleares) mit den beiden Hauptinseln Mallorca (3640 $km^2$) und Menorca (700 $km^2$), sowie den Pityusen (katalan. Illes Pitiuses, span. Islas Pityusas) mit Ibiza (ibiz. Eivissa; 572 $km^2$) und Formentera (100 $km^2$); ferner umfaßt die Gruppe rund 150 kleinere Inseln, darunter Cabrera (17 $km^2$; südlich von Mallorca), und Felseneilande, die teils militärischen, teils nautischen Zwecken dienen oder aber völlig ungenutzt sind. Die Gesamtheit aller dieser Inseln bildet die mit der gleichnamigen Provinz identische spanische Autonome Region Balearen (Comunitat Autonoma de les Illes Balears; mit einer Gesamtfläche von 5014 $km^2$), deren Hauptstadt Ciutat (Palma de Mallorca) ist.

Autonomiestatut

Im Rahmen der spanischen Dezentralisierungspolitik erhielten die Balearen am 22. Februar 1983 das Autonomiestatut. Regierungsorgan ist der Consell General Interinsular de les Illes Balears (Interinsularer Generalrat der Balearischen Inseln) mit Sitz in Palma (Mallorca).
Auch auf die Sprache hat das Autonomiestatut Auswirkungen gezeitigt: Während früher das Spanische (Kastilisch, Lengua Castellana) als Schrift- und Hochsprache amtlich favorisiert war, gewinnt jetzt zunehmend das der katalanischen Sprache zugehörende Inselidiom (Ibizenkisch) an Bedeutung, das inzwischen den Charakter einer Amtssprache gewonnen hat. Für die Schreibung der Ortsnamen ist allein die ibizenkische Form verbindlich; wo die Beschilderung noch nicht aktualisiert wurde, wird oft mit der Farbsprühdose nachgeholfen.
Näheres zur Sprache s.S. 16.

Namenherkunft

Die Herkunft der Bezeichnung "Balearen" ist nicht zweifelsfrei geklärt. Man vermutet einen Zusammenhang mit dem griechischen 'ballein' (werfen, schleudern), womit auf die ob ihrer Treffsicherheit berühmten Steinschleuderer der Inseln angespielt wird (Näheres s. Geschichte). Der Name "Pityusen" leitet sich ab vom griechischen 'nesoi pityusai' (= mit Nadelbäumen bestandene Inseln).

◂ S. 8/9: *Auf der Insel Es Vedrà vermutet man den Geburtsort des karthagischen Feldherrn Hannibal*

**Spanien**

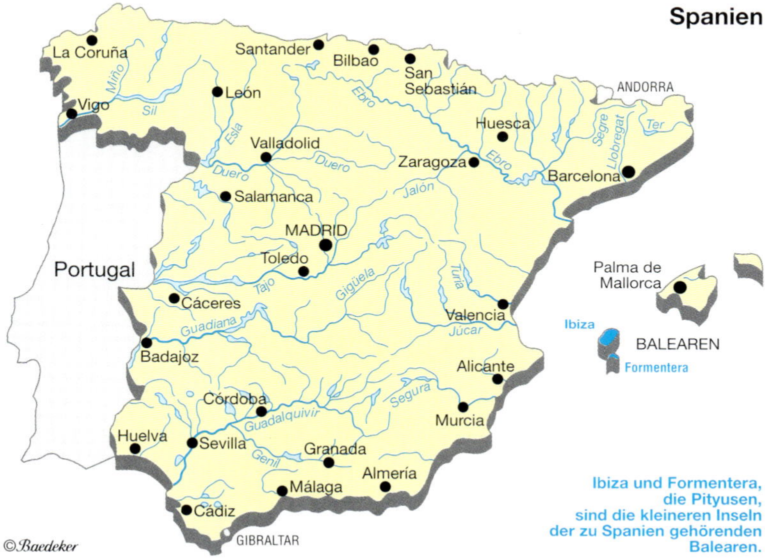


Ibiza und Formentera, die Pityusen, sind die kleineren Inseln der zu Spanien gehörenden Balearen.

## Landschaftliche Gliederung

Die Balearen sind die abgesprengte Fortsetzung des sich von Gibraltar über die Sierra Nevada bis zum Cabo de la Nau hinziehenden Andalusischen Faltengebirges. Tektonische Bewegungen mit gewaltigen Landeinbrüchen und Überflutungen ließen im jüngeren Tertiär die Verbindung mit der Iberischen Halbinsel abreißen. Heute trennt ein bis zu 1500 m tiefer Meeresgraben den Archipel vom spanischen Festland. Die Pityusen haben – wie alle Balearen – einen eigenen Festlandsockel.
Die Anhöhen der bergigen und buchtenreichen Insel Ibiza reichen mehrfach über 400 m Höhe (Talaia de Sant Josep, 476 m), während die durch eine nur 4 km breite Meerenge von Ibiza getrennte Insel Formentera weitgehend eben ist und nur im Osten bis 192 m (La Mola), im Westen bis 107 m (Guillén) allmählich ansteigt.

Ibiza (ibiz. Eivissa), die mit 572 km² größte und Hauptinsel der Pityusen, liegt zwischen 38° 50′ und 39° 06′ nördlicher Breite sowie 1° 13′ und 1° 37′ östlicher Länge, rund 85 km südwestlich von Mallorca, der Hauptinsel der gesamten Balearengruppe. Ibiza

Ibiza erstreckt sich von Nordosten nach Südwesten annähernd in Gestalt eines Ovals von 48 km Länge und bis zu 24 km Breite. Zwei Gebirgsrücken mesozoischer Kalke und Tone erfüllen die Insel; ihre Höhen sind sanft gerundet, wenig zerklüftet und von freundlicher Ausgeglichenheit. Der südliche Bergzug, mit dem Talaia de Sant Josep (Atalayasa de San José, 476 m) als höchster Erhebung, erreicht größere Höhen als der von etlichen Senken durchfurchte nördliche. Beide Bergpartien trennt eine von der Bucht von Sant Antoni de Portmany (San Antonio Abad) im Westen quer durch die Insel bis zur Cala Sant Vicent im Nordosten ziehende Roterdeniederung. Die Südspitze der Insel nimmt eine weite Schwemmlandebene ein, wo

Landschaftliche Gliederung (Fortsetzung)

schon im Altertum Meersalz gewonnen wurde. Die Küste ist stark gegliedert, von zahllosen, vielfach geschützten und sandigen Calas (Buchten) zerschnitten, meist felsig und klippenreich, im Nordwesten stellenweise auch von eindrucksvoller Steilheit. Manche abgelegenen Badebuchten (häufig von Nacktbadern frequentiert) sind nur mit dem Boot zu erreichen.

Trotz des ariden Klimas (nur 352 mm Niederschlag im Jahresdurchschnitt) ist Ibiza von üppiger Vegetation bedeckt. Eine erhebliche relative Luftfeuchtigkeit (jahresdurchschnittlich 70%) und ausreichend Grundwasser begünstigen den natürlichen Pflanzenwuchs. Die Anhöhen tragen lichten Wald aus Aleppokiefern und Zypressenwacholder oder eine dichte Garrigue aus den genannten Hölzern sowie Mastix, Rosmarin, Baumheide und Cistrose; wilder Oleander säumt die Rambles (Bachbetten).

Die gut 50 000 (im Jahre 1900 erst 23 400) Inselbewohner ('Ibicencos') leben vornehmlich in den drei Siedlungsschwerpunkten von Eivissa (Ibiza-Stadt), Sant Antoni de Portmany (San Antonio Abad) und Santa Eulària des Riu (Santa Eulalia del Río), wo Handel, Fischfang, Schiffbau und Kunsthandwerk die traditionellen Haupterwerbsquellen bilden. Hier wie auch entlang der gesamten, weithin erschlossenen Südostküste liegen die Zentren des Tourismus, der zu einem der wichtigsten Wirtschaftszweige geworden ist. Im übrigen bestimmen helle Einzelanwesen im ibizenkischen Stil, die nicht selten Ausländern gehören, sowie dörfliche Weiler und Flekken, zunehmend auch 'Urbanizaciones' genannte Feriensiedlungen und Bungalowkolonien, das Siedlungsbild der von Nutzfeldern und Terrassenkulturen durchsetzten Landschaft. Die Bauern bestellen ihr eigenes Land; ein Pachtsystem (wie etwa auf Mallorca) besteht nicht. Weizen und Gerste (im Trockenfeldbau), Frühgemüse aus künstlich mit Göpelwerken (Norias) und Windrädern bewässerten Gartenkulturen sowie Agrumen, Mandeln, Oliven, Feigen u.a. stellen den Hauptanteil der landwirtschaftlichen Erzeugnisse, die teilweise exportiert werden.

Formentera

Zur landschaftlichen Gliederung s. Reiseziele von A bis Z, Formentera.

# Klima

Katalanische Windrose

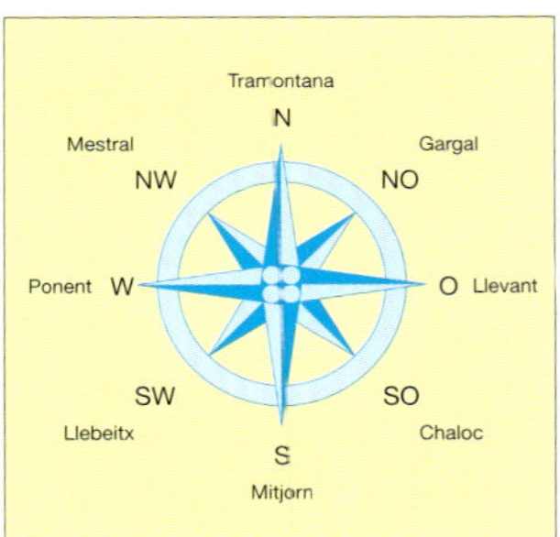


Auf den Pityusen herrscht durch die maritime Lage ein extrem gemäßigtes mediterranes Klima mit milden, niederschlagsreichen, fast stets frostfreien Wintern und nicht allzu heißen trockenen Sommern. Dennoch sind von Insel zu Insel nicht unwesentliche Unterschiede festzustellen.

Ibiza hat das ausgewogenste Klima der Balearen. Hier steigen die Temperaturen im Sommer selten über 30 °C an und sinken im Winter kaum unter den Gefrierpunkt.

Wasserversorgung

Infolge des Ramblacharakters der Flußläufe (mit Ausnahme des Riu de Santa Eulària auf Ibiza) mußte man zur Wasserversorgung einst hauptsächlich auf in Zisternen gesammeltes Grund- oder Regenwasser zurückgreifen. Ein Charakteristikum des traditionellen ibizenkischen Hauses (Abb. S. 31) ist das flache Dach, das diesen Zweck erfüllt. Daneben dienten auch Windräder und die von den Mauren eingeführten Norias (von Zugtieren bewegte Göpelwerke) der Wasserförderung. Heute lösen moderne Irrigationssysteme mit Druckwasserleitungen diese urtümlichen, aber leistungsfähigen und sparsamen Bewässerungsverfahren ab. Ibiza verfügt über meist ausreichende, Formentera hingegen über fast keine Süßwasserreserven.

Klima, Wasserversorgung (Fortsetzung)

## Pflanzen und Tiere

Flora

Die typische Form der Vegetation bis in Höhen von etwa 700 m ist die noch immer weitverbreitete Garrigue (Garriga), ein lichter Buschwald aus Aleppokiefern, vermischt mit Steineichen, wilden Ölbäumen, Erdbeer- und Johannisbrotbäumen sowie endemischen Zwergpalmen. Bis 950 m weicht dieser Wald allmählich einer Macchie aus Erica multiflora, Rosmarin-, Myrten-, Lorbeer- und Ginstersträuchern, durchsetzt von Adlerfarnfluren. In der 'Alta Muntanya' gedeihen nur spärlich harte Gräser, Johanniskraut und Rosmarinpolster zwischen kahlen Felsen. Der Zypressenwacholder (lat. Juniperus phoenicaea, kastil. Sabina, katalan. Sevina) kommt nur auf Ibiza und Formentera vor.

*Orangenbäume gedeihen vor allem im Nordteil von Ibiza*

In Privatgärten und gepflegten öffentlichen Parks findet sich die gesamte Mittelmeerflora in ihrer ganzen Pracht und Vielfalt: Bougainvillea (auch als Hecken), Oleander, eine Fülle von Geranienarten, Hibiskus, Palmen (vielerorts die durch ihre charakteristischen traubenartigen Fruchtstände kenntlichen Dattelpalmen), Agaven und sogar Bananenstauden, deren Früchte hier allerdings nicht reifen. Eine auffallende Erscheinung sind die Feigenkakteen (Opuntien; auch verwildert), die als kleine Haine hinter Bauernhäusern heute noch z.T. das stille Örtchen ersetzen, da ihr strenger Duft Insekten fernhält. Ihre im Sommer reifenden Früchte werden zur Schweinemast genutzt oder zu Konfitüre verkocht; haben sich die wuchtigen Pflanzen mit ihren fleischigen Blättern allzusehr ausgebreitet, häckselt man sie und pflügt sie zur Lockerung und Düngung des Bodens unter.

Fauna

Die in ihrem Artenreichtum ohnehin bescheidene Tierwelt ist durch weitreichende Kultivierungsmaßnahmen stark dezimiert worden. Es gibt heute kaum noch nennenswerte Bestände an Rotwild, Bergziegen oder Wildschafen.

Der Ibizenkische Windhund, eine Rasse außereuropäischer Herkunft, ist sogar auf Briefmarken abgebildet.

Die verhältnismäßig dürftigen Fischgründe in unmittelbarer Nähe der Inseln bieten See- und Stelzvögeln in größerer Zahl nur während der Regenzeit hinreichend Nahrung. Im Gebirge begegnet man Raubvögeln (Adler, Falke),

Baedeker Special

## Die Hunde der Kleopatra

Angeblich ist der altägyptische Totengott Anubis der mythologische Urahn der ibizenkischen Windhunde. Er wird in menschlicher Gestalt, aber mit dem schlanken Kopf eines Schakals dargestellt. In griechischer Zeit hieß sein im mittelägyptischen XVII. Gau gelegener wichtigster Kultort bezeichnenderweise 'Kynopolis' (= Hundestadt), und der Gau führte auch einen Wildhund im Wappen.

In der Tat zeigen die heutigen spitzohrigen Ibizenkerhunde eine frappierende Ähnlichkeit mit ihren afrikanischen Vettern, die für Anubis Modell gestanden haben. Auch sie sind schlank, schmalköpfig und hochbeinig und besitzen einen ausgeprägten Jagdinstinkt. So konnte sich auf Ibiza, dem seit dem Altertum eine wichtige Mittlerrolle zwischen Südeuropa und Nordafrika zukommt, leicht die Legende bilden, die mit Julius Caesar liierte ägyptische Königin Kleopatra habe bei ihrem (historisch allerdings nicht belegten) Aufenthalt auf der Pityuseninsel diese Hunde hier heimisch gemacht.

Was den ibizenkischen Windhund – oder 'Ca Eivissenc', wie er in der inselkatalanischen Sprache heißt – vor allem auszeichnet und in den letzten Jahren auch wieder 'salonfähig' gemacht hat, ist seine unbedingte Treue und Verläßlichkeit, und für die Jagd auf Niederwild gilt das rothaarige und oft weiß gefleckte Energiepaket als unübertroffen. Freilich stammen die heutigen Ibizenkerhunde nicht in direkter Linie von ihren afrikanischen Vorfahren ab; im Lauf der Jahrhunderte vermischten sie sich mit allen möglichen anderen Rassen. Als man sich wieder für sie zu interessieren begann, war es nötig, sie selektiv 'rückzuzüchten', wie dies z.B. auch mit dem Wisent geschehen ist.

Pflanzen und Tiere, Fauna (Fortsetzung)

Rebhühnern und vielfach dem Wiedehopf. Dem Besucher fällt auch die große Zahl von Volieren mit Sing- und Ziervögeln auf, die häufig die Hausfassaden schmücken.

Insektenreichtum und Wärme begünstigen besonders Reptilien wie Eidechsen und Geckonen; im Gegensatz zu anderen Baleareninseln gibt es auf Ibiza keine Schlangen. In einsamen felsigen Meeresbuchten leben Langusten in großer Zahl, eine geschätzte, aber nicht ganz billige Spezialität der regionalen Küche.

## Bevölkerung

Die Autonome Region Balearen zählt insgesamt rund 660 000 fast ausschließlich römisch-katholische Einwohner, von denen auf den Pityusen Ibiza und Formentera rund 55 000 leben. Die größte Bevölkerungsdichte der gesamten Balearen weist der Ballungsraum von Ciutat (Palma de Mallorca) auf; am dünnsten besiedelt ist die Insel Formentera, deren Bewohner – wohl wegen des Klimas – die höchste Lebenserwartung aller Spanier haben.

Im Typ wie auch im Wesen unterscheiden sich die Inselbewohner deutlich vom Festlandsspanier. Es ist ein eher schwerfälliger, aber freundlicher und ehrlicher Menschenschlag, dessen Vorzüge und Eigenheiten dem Fremden besonders in den Wintermonaten deutlich werden, wenn das Heer der Saisonaushilfskräfte vom Festland die Inseln verlassen hat.

Bevölkerung (Fortsetzung)

Eine bewegte Geschichte im Schnittpunkt mediterraner Seefahrt schuf aus etwa gleich starken ethnischen Gruppen maurischer, jüdischer und katalanischer Herkunft sowie einem geringen Anteil an Italienern, Basken, Franzosen, Griechen und Engländern einen brünetten Menschentyp von gedrungener Gestalt. Die jüngste Zuwanderungswelle bringt weitere Einflüsse aus Mitteleuropa, Skandinavien und Nordamerika.

## Wirtschaft und Verkehr

Landwirtschaft

Bis zum Einsetzen der großen Touristenströme bot die Landwirtschaft der Bevölkerung dieser an Bodenschätzen armen Inselgruppe die nahezu einzige Erwerbsquelle. Nachdem im Zuge moderner Entlohnungsvorstellungen der Landarbeiter die Ertragsschwankungen zwischen guten und schlechten Jahren nicht mehr berücksichtigt werden und die Verluste praktisch allein zu Lasten der Eigentümer gehen, haben sich viele Grundbesitzer zum Verkauf ihrer Äcker als Bauland entschlossen. So kann die balearische Agrarwirtschaft, die früher einen Großteil ihrer Erzeugnisse exportierte, heute selbst den Eigenbedarf der Inseln nicht mehr decken.
Ibiza erzeugt im Trockenfeldbau vor allem Getreide, Hülsenfrüchte, Agrumen, Artischocken, Gemüse und Alfalfa (Luzerne). Daneben bestehen Aprikosen-, Feigen- und Johannisbrotpflanzungen. Der Raum zwischen den Baumreihen wird häufig als Weideland genutzt. Berühmt ist die frühe Mandelblüte, deren rosa-weiße Pracht sich schon im Januar und Februar entfaltet.

Eine Besonderheit Ibizas stellen die 'Feixes' dar, Äcker in Meeresnähe, die ein feines Netz von Bewässerungskanälen durchzieht.

Das einst von den Römern 'insula frumentaria' (die getreidereiche, fruchtbare Insel) genannte Formentera verfügte früher über stattliche Süßwasservorkommen, die heute jedoch versiegt sind. So herrscht auch hier der Trockenfeldbau vor (Weizen, Gerste, Kartoffeln und Feigen).

Fischerei

Die Fischerei kann den Eigenbedarf der Inseln nur noch außerhalb der Touristensaison decken; im Sommer ist man auf zusätzliche Versorgung von Festlandhäfen angewiesen. Dies rührt daher, daß das Mittelmeer im allgemeinen nur mäßige, in der Nähe der Inseln, bedingt durch die erhebliche Wassertiefe, sogar nur äußerst dürftige Fischgründe aufweist. Hinzu kommt, daß das Mittelmeer generell überfischt und durch eingebrachte Schadstoffe höher belastet ist als etwa der Atlantik.

Salinen

Klassisches Ausfuhrgut der Balearen ist das Salz; man gewinnt es in erster Linie auf Ibiza und Formentera auf die schon von den Phönikern entwickelte Weise: Das in große, flache Salinenbecken eingelassene Meerwasser verdunstet im Verlauf einiger Monate zum größten Teil und hinterläßt eine stattliche Schicht von auskristallisiertem Salz (Natriumchlorid mit geringen Beimengungen anderer Salze), das – zunächst auf Halden völlig getrocknet, dann fein gemahlen – als Speisesalz vorwiegend nach Skandinavien und Asien exportiert wird. Wegen seiner Verunreinigungen ist es als Industriesalz wenig geeignet.

Handwerk Kunsthandwerk

Wirtschaftliche Bedeutung hat auf Ibiza vor allem die Herstellung von Textilien. Ferner sind die Töpferei und Keramik zu nennen; die ursprünglich von den Mauren nach Spanien gebrachte, aus naturfarbenem Ton gefertigte und mit wasserundurchlässiger Zinnglasur überzogene Keramik wurde bereits im Mittelalter über die Balearen nach Italien eingeführt, wo sie als

*Am Strand von Figueretes stehen die meisten Großhotels*

Wirtschaft und Verkehr, Handwerk (Fortsetzung)

'maiolica' (von Mallorca) berühmt und hochgeschätzt war. Seit dem 16. Jh. erzeugt man sie auch auf den Inseln selbst.

Tourismus

Besonders auf Ibiza hat sich der Tourismus zu einer der wichtigsten Einnahmequellen entwickelt. Der ständig wachsende Zustrom erlebnishungriger Urlaubsgäste (vorwiegend aus Großbritannien, der Bundesrepublik Deutschland, aber auch vom festländischen Spanien und aus Frankreich) machte die Anlage eines Flughafens sowie den Bau von Hotelkomplexen, Ferienclubs und Bungalowsiedlungen (sog. 'Urbanizaciones') sowie der zugehörigen Infrastruktur notwendig. Allerdings kommt ein großer Teil der Einkünfte aus diesem Gewerbezweig weniger den Einheimischen als den Saisonkräften zugute, die vom Festland stammen und fast ausschließlich im Gastgewerbe tätig sind.

Der Ibiza-Tourismus hat in den letzten Jahren ein Flair bekommen, das mancherlei Assoziationen zu provozieren geeignet ist. Man reist hin, um 'etwas zu erleben', um für kurze Zeit die Zwänge abzuschütteln, die aus heimischem Alltagsleben und bürgerlichem Moralkodex resultieren. So hat sich die Insel in den siebziger Jahren den Ruf erworben, ein Paradies für Nonkonformisten, aber auch für Junkies, Homosexuelle, Ausgeflippte und 'Good-time Girls' zu sein. Tatsache ist, daß die ersten, die in größerer Zahl nach Ibiza kamen und sich für kürzere oder längere Zeit hier niederließen, die 'Blumenkinder' der Hippie-Generation in der zweiten Hälfte der sechziger Jahre waren. Sie glaubten hier eine Bleibe gefunden zu haben, wo sie frei von Leistungsdruck und Konsumzwang, in aggressionsloser und enttabuisierter Gemeinsamkeit ihren Idealvorstellungen leben konnten. In dieser Gemeinschaft sollte Platz sein für jeden. Inzwischen sind die Hippies auf der Insel weniger geworden, und wer von der damaligen Generation übrig ist, zieht sich meist von den lauten Urlauberzentren zurück. Was heute dort an Freizügigkeit zu finden ist, kann sich nicht mehr auf jene Ära der Blumenkinder berufen.

Wirtschaft, Tourismus (Fortsetzung)

Gewiß spielen heute bei den Ibiza-Urlaubern der jüngeren Generation Nachtleben, Scene, erotische Erlebnisse sowie der Konsum von Alkohol und Drogen eine nicht unerhebliche Rolle. Daß dabei der Kontakt zur einheimischen Bevölkerung auf der Strecke bleibt, ist nicht zu verwundern – und wohl auch kaum zu bedauern. Wer aber auf der Suche nach Landschaft und Natur ist, braucht nur den küstennahen Urbanisationen den Rücken zu kehren und ins Inselinnere zu gehen. Hier finden sich noch manche Gebiete von geradezu paradiesischer Abgeschiedenheit und Stille.

## Sprache und Literatur

Sprache

Wie im übrigen Spanien gilt auch auf den Balearen das Kastilische (Castellano) als erste Amts- und Geschäftssprache; Umgangssprache der Inselbewohner und zweite Amtssprache ist jedoch das Ibizenkische (Eivissenc), wie auch das Mallorquinische (Mallorquí) und das Menorquinische (Menorquí) ein Dialekt des Katalanischen (Català), einer eigenständigen romanischen Sprache, die im nordostspanischen Raum (Katalonien) und im äußersten Südwesten des französischen Mittelmeerraumes beheimatet ist, jedoch wesentliche linguistische Unterschiede zum Kastilischen aufweist und hinsichtlich des Wortschatzes vielfach provenzalischen Einfluß zeigt.

Trotz der großen Zahl an Besuchern aus deutschsprachigen Ländern bleibt es schwierig, sich auf den Balearen – außerhalb der Hotels, Restaurants, Ladengeschäfte u.a. in den großen Touristikzentren – verständlich zu machen. Kenntnisse des Spanischen, zumindest aber des Französischen oder des Englischen sind von großem Nutzen. Die Einheimischen sprechen untereinander ihre inselspezifischen Dialekte des Katalanischen und haben im Falle geringerer Schulbildung nicht selten mit der spanischen Aussprache Schwierigkeiten; das Einflechten einer katalanischen Wendung danken sie mit besonderer Zuvorkommenheit.

Das Ibicenco zeigt als katalanische Mundart deutliche lautliche wie auch lexikalische Unterschiede zum kastilischen Spanisch (Castellano). So fehlt ihm die Diphthongierung der lateinischen Stammvokale (lat. portus, kastil. puerto, katalan. porto; lat. bonus, kastil. bueno, katalan. bo); Endvokale verschwinden (kastil. dulce, katalan. dulc; kastil. muerte, katalan. mort). Neben den Verbtypen auf -ar, -er und -ir des Hochspanischen kennt das Katalanische einen weiteren auf -re (prendre = nehmen). Der bestimmte Artikel, der im Katalanischen el bzw. la (Plural els bzw. las) lautet, wird im 'parlar salat' (= gesalzene Sprache) der Balearen und der Costa Brava durch die von dem lateinischen Demonstrativpronomen iste abgeleiteten Formen es (s') bzw. sa (s'), im Plural es (ets) bzw. ses ersetzt. Als Beispiele des provenzalischen Einflusses auf den Wortschatz seien Vokabeln wie 'Tisch' (kastil. mesa, katalan. taula), 'Getreide' (kastil. trigo, katalan. blat) oder 'Fenster' (kastil. ventana, katalan. finestra) genannt.

Aussprache

Wie im Portugiesischen werden unbetontes a und e ähnlich dem deutschen 'Dame' fast verschluckt, unbetontes o wie kurzes u gesprochen. Das kastilische j (wie deutsch ch vor a, o und u) sowie g vor e und i sind im Katalanischen wie j in französisch 'journal' zu sprechen. Ll (im Kastilischen wie deutsch lj gesprochen) wird fast zu j wie deutsch 'ja'; wo es wie deutsches Doppel-l gesprochen werden soll, trennt man durch einen Punkt (seltener einen Strich; sil·laba = Silbe). Der spanische Buchstabe ñ (gesprochen wie 'nj') wird durch ny ersetzt, während man sonst kein y kennt und stets i schreibt. Ch wird immer wie k gesprochen; neuerdings schreibt man nur noch c. Der Buchstabe x lautet fast immer wie französisch ch in 'chalet'. Der kastilische Laut ch (deutsch tsch) wird durch tx, am Wortende häufig durch -ig wiedergegeben, wodurch die eigentümlichen Endungen -aitx (spr. -atsch), -oig (spr. -otsch) und -uig (spr. -utsch) entstehen. Z und c vor e und i werden nicht wie im Kastilischen gelispelt, sondern ebenso wie

Baedeker Special

# Wiedergeburt einer Sprache

Auf den Balearen und Pityusen sprechen die Einheimischen ihre uralten Inselidiome, das Mallorquí und das Ibicenc. Beide sind Mundarten des Katalanischen (Català), einer eigenständigen romanischen Sprache, die im nordöstlichen Spanien und im äußersten Südwesten des französischen Mittelmeerraums beheimatet ist. Entgegen einer lange vertretenen Lehrmeinung ist das Català kein Dialekt des Kastilischen (Castellano), der spanischen Hochsprache, die vom frühen 18. Jahrhundert bis in die jüngste Vergangenheit alleinige Amtssprache war, sondern es steht philologisch zwischen diesem und dem Provenzalischen.

Mit der Eroberung der Balearen durch Jaume (Jaime) I. im Jahre 1229 und der ihr folgenden Christianisierung der Inseln trat das Katalanische an die Stelle des bis dahin als Amtssprache geltenden Arabischen. Als Literatursprache erlebte das Català durch den Philosophen und Missionar Ramón Llull (Raimundus Lullus; 1235–1316) schon früh eine Blüte, zu der es sich bis heute nicht wieder aufschwingen konnte. Lullus, der wohl größte Sohn der Balearen, schrieb den überwiegenden Teil seiner für das Denken des Abendlandes bedeutsamen Traktate, Romane und Gedichte außer in lateinischer und arabischer Sprache auch im Idiom seiner Heimat. Von den im 14.–16. Jh. wirkenden Dichtern verdienen Anselm Turmeda Guillem de Torroella und Jaume d'Olesa erwähnt zu werden, deren anschauliche Beschreibungen der Lebensumstände ihrer Zeit wertvolle Einblicke in die Vergangenheit der Inselwelt vermitteln.

Nach der Einigung Spaniens gewann das bei Hofe gepflogene Kastilisch im 16. und 17. Jh. zunehmend an Bedeutung. Es wurde 1715 für das gesamte Königreich und damit auch für die Balearen offiziell zur alleinigen Amtssprache erhoben. Die zur reinen Umgangssprache der bäuerlichen und kleinbürgerlichen Bevölkerungsschichten abgewerteten katalanischen Inselidiome traten als geschriebenes Wort nur noch gelegentlich in volkstümlichen Weisen und Schwänken auf. Erst die Wiederbelebung des Katalanischen (Renaixença) im Zuge der Romantik des beginnenden 19. Jahrhunderts verschaffte ihnen erneut Eingang in Intellektuellen- und Literatenkreise. Sie fanden die Unterstützung von Fördervereinen und wurden zum Gegenstand eingehender linguistischer Forschung. Der Sprachkundler María Aguiló (1825–1897) verfaßte ein erstes "Lexikon des klassischen Katalanisch", und Tomás Forteza (1838–1889) veröffentlichte eine "Gramática Catalana". Poesie und Prosa blieben dennoch weitgehend volkstümlich und von lokaler Bedeutung. Erst Miquel Costa i Llobera (1854–1922) und Joan Alcover (1854–1926) führten die Inselliteratur wieder über die Grenzen ihrer Heimat hinaus. Die Ära Franco mit ihrer zentralistisch orientierten Politik allerdings bedeutete einen schweren Rückschlag, von dem sich das Català erst erholte, als gegen Ende der siebziger Jahre eine konsequente Regionalisierung einsetzte, die im katalonischen Autonomiestatut von 1979 gipfelte.

Heute ist das Català im festländischen Katalonien und auf den Balearen als erste Amtssprache anerkannt, und es setzt sich konsequent durch – auch wenn manche Orts- und Straßenschilder noch nicht an die neuen Schreibweisen angepaßt sind. Notfalls hilft die Inselbevölkerung einstweilen mit der Farbsprühdose nach. Auf modernen Landkarten und Straßenplänen hingegen tauchen nur noch die katalanischen Orts- und Landschaftsnamen auf, die sich oft erheblich von den bislang gewohnten unterscheiden und so dem ausländischen Gast bisweilen die Orientierung erschweren.

Sprache (Fortsetzung)

s häufig stimmhaft gesprochen. Im Gegensatz zum Kastilischen gibt es im Katalanischen ein Doppel-s (massa).

Die Regeln für die Akzentsetzung entsprechen denen des Spanischen, allerdings steht in der Endung -ia bei Betonung des i kein Akzent (kastil. María, katalan. Maria). Je nach Aussprache des Vokals wird der Gravis (`) oder Akut (´) gesetzt: auf à steht immer der Gravis, auf ó und í immer der Akut, auf e und o bei offenem Vokal der Gravis (cafè, arròs), bei geschlossenem der Akut (consomé, fórmula).

Im Zuge der von separatistischen Tendenzen gezeichneten politischen Auseinandersetzungen der späten siebziger Jahre erfuhr das Katalanische, das als offizielle Amtssprache wieder zugelassen ist, und damit auch das Ibizenkische einen weiteren Aufschwung, der durch die Erlangung des Autonomiestatutes noch verstärkt worden ist.

## Sitten und Bräuche

Volkstrachten

Auf den Balearen hat sich nur wenig traditionelles Brauchtum bis in unsere Zeit behaupten können. Vollständige Trachten bekommt man nur zu besonderen Anlässen oder bei folkloristischen Darbietungen zu sehen. Frauen tragen bisweilen noch den ‘Rebozillo’, ein unter dem Kinn geschlossenes Kopftuch aus weißem, oft besticktem Tüll. Auf Ibiza legen die Frauen an Festtagen reichlich Filigranschmuck an; auch trägt man hier noch gelegentlich geflochtenes Schuhwerk. Die praktisch aus dem Straßenbild verschwundene alte Tracht der Männer zeigt maurischen Einfluß (Pumphosen, helle Blusen, bunte Westen, weiße Kniestrümpfe).

Brautschau

Als eine eigentümliche Sitte hat sich auf Ibiza bis heute die Brautschau (festeig) gehalten: Ist ein Mädchen ins heiratsfähige Alter gekommen, so tut dies der Vater allgemein kund. Die Bewerber werden dann zu festgelegten Zeiten im Innenhof des Elternhauses von dem jungen Mädchen empfangen und begutachtet, wonach es sich seinen Bräutigam erwählt. Wenngleich grundsätzlich Gütertrennung herrscht, wird gewöhnlich vor der Hochzeit ein Ehevertrag (espolits) geschlossen, welcher der zukünftigen Ehefrau ein Viertel und dem Ehemann drei Viertel des Zugewinns zuspricht und das Erbe der zu erwartenden Kinder regelt; dem erstgeborenen Sohn fällt der größte und beste Teil zu, um eine Zerstückelung des Besitzes zu verhindern.

Feste

Auch auf den Balearen nehmen wie im Volksleben der gesamten iberischen Halbinsel die Feste, die auf natürliche Weise die Folklore pflegen, eine bedeutende Stellung ein. Während der Karwoche und an Fronleichnam werden allenthalben prunkvolle Prozessionen abgehalten. Daneben begeht jede Gemeinde das Fest ihres Schutzheiligen mit Wallfahrten, Umzügen und Volksfesten, wobei an hohen Festtagen und großen Sommerjahrmärkten Reiterspiele (vor allem das historische Kampfspiel “Moros y Cristianos”) stattfinden.

Stierkampf

Stierkämpfe (corridas de toros) wurden in Spanien bis zum 16. Jh. sowohl zur Waffenübung wie auch bei Festen veranstaltet, wobei der berittene Caballero den Stier mit der Lanze zu erlegen hatte. Zu Anfang des 17. Jh.s nahmen sie weniger gefährliche Formen an; ihre heute geltenden Regeln werden auf Francisco Romero (geb. um 1700 in Ronda) zurückgeführt. Der Bau der ersten großen Stierkampfarena (plaza de toros) 1749 in Madrid machte sie endgültig zu einem öffentlichen Schauspiel, bei dem nur noch berufsmäßige Toreros auftreten.

In der kreisrunden Arena unterscheidet man die teureren Plätze auf der Schattenseite (sombra) und die billigeren auf der Sonnenseite (sol).

Stierkampf (Fortsetzung)

Der Kampf (lidia) besteht aus drei Hauptteilen (suertes). Nach einem kurzen Vorspiel, in dem die Capeadores den Stier mit einem grellfarbenen Mantel (capa) gereizt haben, lassen sich die berittenen Picadores angreifen, bohren dem erregten Tier ihre Pike (garrocha) in den Nacken und versuchen der Wucht seines Ansturmes mit Anspannung aller Kraft zu widerstehen: 'Suerte de picar' oder 'Suerte de varas'. Ist der Stier durch die Lanzenstiche (varas) mürbe gemacht (castigado), beginnt der zweite Teil, die 'Suerte de banderillas'. Die Banderilleros gehen dem Stier mit mehreren Banderillas entgegen und stoßen sie ihm, seinem Angriff geschickt ausweichend, in den Nacken. Die gewöhnlichen Banderillas sind 75 cm lange, mit Widerhaken und Flitterschmuck versehene Stäbe; die Banderillas à cuarta sind nur etwa 15 cm lang. Allzu brave oder heimtückische Stiere versucht man durch Mantelspiele (floreos) umzustimmen. Wenn der Stier drei Paare Banderillas im Nacken hat, beginnt die 'Suerte suprema' oder 'Suerte de matar'. Der Espada oder Matador, mit dem Scharlachtuch (muleta) und dem Degen (estoque) ausgerüstet, reizt zunächst das Tier mit dem Tuch. Schließlich sucht er es in die geeignete Stellung zu bringen, um ihm den Todesstoß (estocada) zu versetzen. Ein Punterillo gibt dem Stier, der, wenn er mutig und angriffslustig war, lebhaft beklatscht wird, mit einem Dolch den Gnadenstoß ins Genick. Ungeschickte Stierkämpfer werden laut kritisiert und ausgepfiffen.
Das Schauspiel wiederholt sich bis zum Einbruch der Dunkelheit sechs- bis achtmal.

Initiativen mitteleuropäischer Besuchergruppen haben dazu geführt, daß der Stierkampf auf den Balearen zunehmend eingeschränkt wird.

Volkstänze

Während der Hauptreisezeit hat der Besucher Gelegenheit, Vorführungen einheimischer Volkstanzgruppen zu sehen. Neben Gruppentänzen (bailes de figura oder bailes moriscos = maurische Tänze) gibt es Paartänze (bai-

*Die ibizenkischen Volkstänze bilden heute einen wesentlichen Bestandteil der offiziellen Folklore-Darbietungen*

Volkstänze (Fortsetzung)

les populares), die sich in zwei Arten gliedern lassen: In den Gebirgsregionen herrschen gehüpfte Tänze von eher getragenem Rhythmus vor, die von Schalmeienklang und Tamburinschlag begleitet werden; die Tänze des Flachlandes hingegen, besonders die 'Jotas', sind beschwingter. Vermutlich aus der Antike stammt die auf Ibiza getanzte, von Kastagnetten und Tamburin begleitete 'Curta' sowie die 'Llarga'.

Gegen Ende des 19. Jh.s kamen Boleros und Boleras aus Kastilien auf die Inseln, wo ihre Melodien mit einheimischen Weisen verschmolzen. Ebenfalls vom spanischen Festland übernommen ist der bekannte 'Flamenco'.

Musik

Volkstümliche Musikinstrumente sind u.a. Gitarre, Geige, Flöte, Schalmei und Dudelsack. Eigenartig ist die einem Blumentopf ähnelnde Zambomba (vermutlich arabischen Ursprungs; im deutschen Sprachraum auch als 'Rummeltopf' bekannt), eine mit Kanin bespannte Reibtrommel; heraus ragt ein runder Stab, mit dem – wenn man ihn anfeuchtet und auf und nieder bewegt – ein seltsamer Ton hervorgebracht wird.

# Berühmte Persönlichkeiten

Hinweis

Die nachstehende, namensalphabetisch geordnete Liste vereinigt historische Persönlichkeiten, die durch Geburt, Aufenthalt, Wirken oder Tod mit den Pityusen verbunden sind und überregionale, oft weltweite Bedeutung erlangt haben.

Ernest Ehrenfeld
(1910–1978)

Auf Ibiza nannte man nur seinen Vornamen – Ernesto –, und jeder wußte, wer gemeint war. Die Rede ist von Ernest Ehrenfeld, dem gebürtigen Berliner und Wahl-Ibizenker. Der Literat, Poet, Kunstkenner und -händler lebte seit den frühen fünfziger Jahren auf Ibiza und Formentera, ein Aussteiger, noch lange ehe dieser Begriff im neudeutschen Wortschatz verankert war. Seine Kindheit und Jugend war nicht sehr glücklich; 1933 floh er vor den Nationalsozialisten nach Österreich, wurde im Jahre 1938, als Hitler die 'Ostmark' dem Reich angegliedert hatte, gefangengenommen ('Schutzhaft' nannte man das damals), konnte aber nach Frankreich entkommen. 1952 schließlich faßte er auf den Pityusen Fuß, und man sagt, kein anderer Fremder sei so in der Eigenart der Insel aufgegangen wie er. Ernesto, trotz seiner Bekanntheit zeitlebens ein Einzelgänger, starb 1978 in Deutschland.

Hannibal
(247 / 246 bis
183 v. Chr.)

Der offiziellen Geschichtsschreibung zufolge wurde Hannibal, Sohn des punischen Feldherrn Hamilkar Barkas, in der mächtigen nordafrikanischen Stadt Karthago geboren. Doch die örtliche Überlieferung besagt, seine Geburtsstätte sei auf der Isla Es Vedrá oder auf Conillera, beide nahe der Westküste Ibizas gelegen, zu suchen. Am Beginn von Hannibals militärischer Karriere stand der Aufenthalt in Iberien (heute Spanien und Portugal), wo sein Schwager Hasdrubal den Oberbefehl über die karthagischen Truppen innehatte. Nach Hasdrubals gewaltsamem Tod (221 v. Chr.) übernahm Hannibal das Oberkommando. Schon 219 legte er sich mit dem römischen Imperium an: Er eroberte das durch einen Beistandspakt mit Rom verbündete Sagunt und überschritt im folgenden Jahr den Ebro, der im sogenannten Ebrovertrag als Grenze der römischen Interessensphäre definiert worden war. Während die Römer sich anschickten, durch die Entsendung eines Expeditionskorps nach Nordafrika und den gleichzeitigen Angriff auf Hannibals in Iberien stehende Truppen die karthagischen Kräfte an zwei Fronten zu binden, brach dieser zu sei-

Hannibal (Fortsetzung)

nem ebenso verlustreichen wie spektakulären Zug auf, in dessen Verlauf er mit zunächst 50 000 Mann Fußtruppen, 9000 Reitern und 37 Kriegselefanten die Alpen überquerte und die Hauptstadt des Römischen Reiches direkt bedrohte. In zwei entscheidenden Schlachten dieses zweiten Punischen Krieges war Hannibal erfolgreich: am Trasimenischen See (217) und bei Cannae (216). Doch später wandte sich das Kriegsglück gegen ihn; Syrakus, Capua und Tarent fielen den Römern zu, und im Jahre 202 erlitt er bei Zama die entscheidende Niederlage. Nun lebte Hannibal ständig auf der Flucht vor dem Zugriff des Imperiums (zuletzt bei Antiochos III. von Syrien), und um seiner nach dem Frieden von Apameia (188) von Rom geforderten Auslieferung zu entgehen, vergiftete er sich in der bithynischen Stadt Libyssa (bei der heutigen türkischen Stadt Izmit).

Ludwig Salvator Erzherzog von Österreich (4.8.1847 bis 12.10.1915)

Ludwig Salvator, zweiter Sohn des Großherzogs Leopold von Toskana, kam in Florenz zur Welt. Er war ein großer Freund der Naturwissenschaften und unternahm Forschungsreisen in den Vorderen Orient und in den Mittelmeerraum. Die Werke, die er über die Ergebnisse seiner Forschungen schrieb, illustrierte er selbst; sie erschienen zunächst anonym. In den Jahren 1869–1891 verfaßte er das siebenbändige Opus “Die Balearen in Wort und Bild geschildert”, das bei Brockhaus in Leipzig erschien und noch heute anerkannt ist. Von 1860 bis 1913 lebte der Erzherzog meist auf den Balearen und besuchte mehrmals die Insel Ibiza. Seine Wahlheimat wurde Mallorca, wo er das Landgut Miramar und den Herrensitz Son Morroig bewohnte.

Isidor Macabich (1883–1973)

Man kennt den Kleriker Isidor Macabich vor allem als den Geschichtsschreiber Ibizas. Ihm kommt das Verdienst zu, mit seinem umfangreichen Werk “Historia de Ibiza” Grundlegendes über Vergangenheit, Volkstum und Bevölkerung wie auch über die Sprache der Ibizenker, eine Mundart des Katalanischen, zu Papier gebracht zu haben.

Joaquín Vara de Rey (1840–1898)

Seine Berühmtheit verdankt er einer verlorenen Schlacht, in der er auch selbst fiel: General Joaquín Vara de Rey, der die spanischen Truppen in Mittelamerika befehligte. Er kämpfte auf Kuba, in El Caney, mit fünfhundert Soldaten gegen eine mehr als zehnfache Übermacht der Vereinigten Staaten von Amerika; vorangegangen war die Explosion des US-Kriegsschiffes “Maine” im Hafen von Havanna und die daraufhin erfolgte Kriegserklärung Amerikas an Spanien. An den ehrenvollen Untergang des Generals erinnert heute das große Denkmal auf dem Passeig Vara de Rey, dem Prachtboulevard von Eivissa (Ibiza-Stadt).

# Geschichte

**Hinweis**

Da die historische Entwicklung von Ibiza und Formentera nicht isoliert von der Geschichte der übrigen Inselgruppe betrachtet werden kann, sind in den nachstehenden Abschnitt auch Mallorca als größte und wichtigste Baleareninsel sowie Menorca einbezogen.

**Vor- und Frühgeschichte**

Überaus zahlreich und teils sehr gut erhalten sind die Zeugnisse aus vor- und frühgeschichtlicher Zeit auf Mallorca und Menorca. Sie gehören überwiegend der sogenannten Talayotkultur (von arab. ‘atalaya’ = Ausguck) an, einer Megalithkultur, die zwischen 1500 v. Chr. und der Besetzung durch die Römer (123 v. Chr.) u.a. jene für die Balearen typischen Turmbauten (Talayots) aus mächtigen Steinquadern hervorbrachte, welche dieser Epoche ihren Namen gegeben haben. Das gänzliche Fehlen schriftlicher oder bildlicher Belege läßt bei der Betrachtung dieses frühen Zeitabschnitts große Lücken. Als gesichert gilt, daß Mallorca schon im vierten vorchristlichen Jahrtausend von iberischen Hirtenstämmen bewohnt war. Die ältesten bisher gefundenen Zeichen menschlicher Besiedlung stammen aus einer Höhle bei Son Muleta (nahe Sóller), wo man auf menschliche Gebeine stieß, die mittels der Radiokarbonmethode auf das Jahr 3984 ± 85 v. Chr. datiert werden konnten. Ebendort fand man Tausende von Tierskeletten einer ausgestorbenen Zwergantilope (Myotragus balearicus), vermutlich die Hauptnahrung der Menschen jener Zeit. Einer späteren Epoche (wohl um 2000 v. Chr.) gehören Keramikreste vom selben Fundort an. Weitere Funde bei Son Matge (Valldemosa) werden auf 3800 ± 150 v. Chr. datiert.

**Prätalayotikum**

Aus der Jungsteinzeit, die nur auf Mallorca Spuren hinterlassen hat, und aus der frühen Bronzezeit, dem sogenannten Prätalayotikum (Vortalayotikum; um 2000–1400 v. Chr.), sind Reste verschiedener Wohnbauten erhalten. Neben Wohnhöhlen fand man Hütten, deren Steinmauern mit Holzsparren überdacht waren. Eine Vorstellung von der archaischen Konstruktionsweise dieser Behausungen geben jene kleinen Feldhütten auf Menorca, die dort noch heute als Schuppen und Stallungen erstellt werden. Auf Überreste von massiven Steinhäusern stieß man bei Son Matge (Valldemosa; 1870–100 v. Chr.), ferner auf Keramik mit Impresso- und Ritzornamentik. Das Prätalayotikum kannte nur die Erdbestattung in teils natürlichen, meist aber künstlich geschaffenen Grabhöhlen. Sie alle besitzen auffallende Ähnlichkeit mit Grabhöhlen auf Sardinien, Sizilien und in Kleinasien.

Die Menschen jener Zeit besaßen eine erstaunliche Fertigkeit in der Bearbeitung von Lehm und Ton; sie schufen verschiedenste Töpferwaren in grauer bis rötlichbrauner Färbung, teils glatt, teils mit Ritzornamenten verziert. Auch verfügten sie bereits über kleine Bronzeobjekte, darunter Dolchklingen, Pfeilspitzen und Münzen. Außerdem verstanden sie geschickt mit der Schleuder umzugehen (verschiedene Steinkugelfunde) – eine Fähigkeit, die sich später die Karthager zunutze machten, als sie in den Punischen Kriegen gegen die Römer die gefürchteten balearischen Schleuderschützen (lat. ‘balearii’; vielleicht vom griechischen ‘ballein’ = werfen, oder semit. ‘baál yarah’ = geschickt im Schleudern) einsetzten. Damals allerdings dürften sie bereits Bleikugeln verwendet haben, gegen die sich die Römer durch Lederpanzerung ihrer Schiffe zu schützen suchten.

Talayotikum

Um 1400 v. Chr. begann sich jene Megalithbauweise zu verbreiten, die mit ihrem zyklopischen Mauerwerk für das bronzezeitliche Talayotikum (Balearenkultur; 1400–100 v. Chr.) charakteristisch war. Auf Mallorca sind rund hundert, auf Menorca etwa dreihundert Talayots erfaßt (auf Ibiza nicht bekannt; wohl schon in punischer Zeit abgetragen), meist runde, seltener viereckige Türme, die teils bewohnt waren, teils aber auch als Grab- und Kultstätten gedient haben dürften. Sie hatten einen Durchmesser von ca. 14,50 m an der Basis und waren ursprünglich bis zu 8 m hoch; wie ihre Spitze aussah, läßt sich nicht mehr rekonstruieren. Talayots standen oft inmitten erstaunlich großer Wohnsiedlungen. Diese waren von mannshohen Mauerwällen (Wehrmauern) umgeben. Beim Freilegen der Siedlungen kam eine Fülle von Keramikscherben sowie bronzenen Waffen (Schwerter, Dolche u.a.), Schmuck und Münzen zum Vorschein.

Aus der gleichen Epoche stammen die allein auf Menorca vorkommenden Taulas (von katalan. 'taula', aus lat. 'tabula' = Tisch), das sind tischförmige Steinsetzungen, bei denen auf einem senkrecht aufgestellten Monolithen waagrecht eine Steinplatte ruht. Diese waren ebenfalls von einem Mauerring umgeben und dürften ausschließlich kultischen Zwecken gedient haben. Sie sind bis 4,20 m hoch und gelegentlich von einer zweiten, kleineren seitlich danebenstehenden Taula ergänzt. Neben einigen wenigen Dolmen und dolmenartigen Megalithgräbern haben sich aus jener Zeit Navetas ('Schiffchen') erhalten, Grabstätten von Clanältesten in Form eines umgestülpten Bootes, die später vermutlich auch bewohnt wurden.

Posttalayotikum

Um 1000 v. Chr. setzt eine allgemein als Posttalayotikum (Nachtalayotikum) bezeichnete Phase ein mit geometrischer, von Griechenland beeinflußter Bauweise, die seit dem 6. vorchristlichen Jahrhundert – der Zeit, als Karthago sich anschickte, Ibiza zu erobern – durch die Verwendung behauener Quader rechte Winkel und glattes Mauerwerk aufweist. Plastik und Keramik zeigen deutlich griechische und punische, Metallarbeiten (Bronzehalsschmuck) mitteleuropäische Einflüsse. Bereits in dieser Phase zeichnet sich auf den politisch noch selbständigen Balearen (Mallorca und Menorca) eine Romanisierung durch Handel und Seefahrt ab.

Diodor (1. Jh. v. Chr.) berichtet von mehr als 30 000 Einwohnern auf Mallorca und Menorca. Sie sollen den Erzählungen griechischer Seefahrer zufolge Höhlen bewohnt haben und kaum bekleidet gewesen sein.

Stein- und Bronzezeit

Besiedlung vermutlich durch iberische Hirtenvölker. Niederlassung seefahrender Phöniker und Griechen; Tauschhandel mit Salz.

Funde neolithischer Keramiken und bronzezeitlicher Werkzeuge belegen, daß die Insel Ibiza schon im zweiten vorchristlichen Jahrtausend besiedelt war. Die Herkunft dieser ersten Bewohner wie auch der Zeitpunkt ihrer Einwanderung liegen im Dunkeln. Wahrscheinlich waren es iberische Hirtenstämme (El-Argar-Kultur?), die frühen Quellen zufolge unbekleidet waren und ihre Insel 'Aivis' nannten. Der geschützte Hafen in der Bucht der heutigen Stadt Eivissa (Ibiza) diente schon im Altertum Seefahrern und Händlern aus allen Teilen des Mittelmeerraumes als Zwischenstation und Stützpunkt. Schriftliche Erwähnung finden vor allem handeltreibende Phöniker und Griechen, die der Insel den Namen 'Ebysos' bzw. 'Pityusa' (= von Nadelbäumen bestanden) gaben. Bauliche Denkmäler aus der Frühzeit sind nicht erhalten; sie wurden später abgetragen und das Material anderweitig verbaut.

7. Jh. v. Chr.

Im Jahr 654 v. Chr. (vielleicht auch schon um 720 v. Chr.) gründen die Karthager auf der Isla Plana, an der Ostseite der Hafenbucht von Ibiza, als eine ihrer ersten Kolonien den Handels- und Militärposten Ibosim. Er besitzt Münzhoheit (Münzzeichen: AIBSM) und ist, wie Diodor berichtet, von Fremden aller Art bevölkert. Purpurerzeugung, Salzgewinnung, Landwirtschaft und die Ausbeutung der Bleiminen bilden die Grundlage eines stetig

*Bei Es Fumeral erbauten schon die Römer eine solide Steinbrücke*

/. Jh. n.Chr. (Fortsetzung)

wachsenden Wohlstandes. Gleichwohl bleiben Kultur und Kunst (Keramik, Schmuck) eher bescheiden und rustikal. Eindrucksvollstes Zeugnis jener Zeit ist die punische Nekropole von Ereso an den Hängen des heute 'Puig des Molins' (Mühlenberg) genannten Hügels in der Stadt Eivissa, die als bedeutendste bekannte punische Beerdigungsstätte gilt und bis in römische Zeit benutzt worden ist. Aus ihr wie auch aus der Höhle von Es Cuyeram (bei Sant Vicent de sa Cala), die ein Heiligtum der Göttin Tanit barg, stammen die überreichen Funde aus punischer Zeit, deren wertvollste sich heute im Archäologischen Museum von Barcelona sowie im Archäologischen Museum von Eivissa (Ibiza-Stadt) befinden.

3.–2. Jh. v. Chr.

Auf der Ibiza südwestlich vorgelagerten Felseninsel Es Vedrá oder der Isla Conillera bei Sant Antoni de Portmany soll der Karthager Hannibal (247/246 bis 182 v. Chr.) geboren worden sein. Während der Punischen Kriege dienen die Balearen den Karthagern als strategische Basen. Im Kampf gegen die Römer setzt Hannibal balearische Schleuderschützen ein (vgl. Trajanssäule in Rom). Sein Bruder Mago hält sich um 205 v. Chr. auf Menorca auf.

Ab etwa 200 v. Chr. entwickelt sich infolge der Schwächung Karthagos allmählich eine Romanisierung durch wachsenden Handel.

123 v. Chr.

Die Römer erobern unter Quintus Caecilius Metellus ('Balearicus') die eigentlichen Balearen. Auf Mallorca gründen sie die Städte Pollentia (Inselhauptstadt, beim heutigen Alcudia), Palmaria (Palma), Cunici (Manacor), Sinium (Sineu) und Bocchoris (Puerto Pollensa).

Nach der Zerschlagung Karthagos durch die Römer scheint Ibiza bei Wahrung einer gewissen Autonomie mit Rom verbündet gewesen zu sein. So erklärt sich, daß die Insel auch in römischer Zeit sich ihr punisches Gepräge erhalten konnte; erst 70 v. Chr. wird Ibiza unter dem Ehrennamen 'Flavia

Augusta' dem Römischen Reich eingegliedert. Die Stadt soll damals ein ausgedehntes, heute nicht mehr lokalisierbares Judenviertel gehabt haben. 123 v. Chr. (Fortsetzung)

Die Balearen werden christianisiert. Severus, der Bischof von Menorca, erwähnt 417 die punischen Gründungen Iamnona (Ciudadela) und Magona (Mahón). ab 200 n. Chr.

Der durch die Völkerwanderung von Norden ausgehende Druck auf die Iberische Halbinsel läßt die Bevölkerung der Balearen und Pityusen und damit auch Ibizas durch Zuwanderung von Flüchtlingen und Asylsuchenden rasch anwachsen. Im Jahre 426 n. Chr. fallen die Vandalen unter Gunderich auf der Insel ein, verwüsten sie und machen sie sich untertan. Erst 533/534 gelingt es Belisar im Auftrag des Kaisers Justinian, das Vandalenreich zu zerschlagen und die Insel unter die Oberhoheit von Byzanz zu bringen. Um 675 entsteht auf Ibiza ein selbständiges Bistum. 5. und 6. Jahrhundert

Nach blutigem Beutezug gegen Mallorca im Jahre 707 erobern Araber die von ihnen 'Yebisah' genannte Insel erstmals 711, werden aber 798 durch Karl d.Gr. wieder vertrieben. Im Jahre 813 gerät Ibiza in die Hand der Franken und wird 817 Teil des Fränkischen Reiches. Die Araber können die Insel 832 abermals einnehmen, müssen jedoch 859 den Normannen weichen. 8. Jahrhundert

Erst 901/902 gelingt es den Mauren, sich endgültig auf Ibiza festzusetzen und ihre insgesamt mehr als fünfhundertjährige, aber mehrfach unterbrochene Herrschaft zu errichten, die das Gesicht der Insel bis in die Gegenwart nachhaltig formt. Die größten Teile der dreifachen maurischen Stadtfestung und Burg sind späteren Befestigungsanlagen gewichen; als Überrest aus arabischer Zeit zeigen die 'Feixes' ein raffiniertes, noch heute funktionierendes Bewässerungssystem. 10. Jahrhundert

Nach dem Tode von Al-Mansur (1002) und dem Zerfall des Kalifates von Córdoba werden die Balearen dem arabischen Königreich Denia zugeschlagen (1015); 1076 schwingt sich dessen in Madîna Mayûrqa (Palma) residierender Statthalter zum Herrscher über die Inseln auf. Piraterie (besonders an den Küsten Kataloniens, der Provence und Italiens) wird zur wichtigsten Erwerbsquelle. 11. Jahrhundert

Mit Unterstützung des Papstes und der italienischen Stadtrepubliken Pisa und Genua versucht der Graf von Barcelona, Berenguer III., dem gemeingefährlichen Piratenunwesen ein Ende zu setzen. Palma wird vergeblich belagert, die Stadt Ibiza hingegen erobert und zerstört. 1114

Herrschaft der Almoraviden. 1116–1203

Angliederung der Inseln an das maurische Königreich Granada (Almohaden). 1203

Verstärktes Piratentum; berüchtigt sind vor allem die Raubzüge des Abu Yahya in Katalonien. 1226/1227

Jaume (Jakob) I., genannt 'El Conquistador', König von Aragón und Graf von Barcelona, führt eine erfolgreiche Strafexpedition gegen die mallorquinischen Piraten und zieht nach gewonnener Schlacht bei Santa Ponsa am Silvestertag in Palma ein. 1229

Gründung eines Staats mit demokratischen Institutionen auf Mallorca. 1230

Der Eroberung Ibizas durch den Erzbischof von Tarragona, Guillermo de Montgrí, im Auftrage König Jaumes I., und der Vertreibung der Mauren folgt die Rechristianisierung. 1235

1276 Nach dem Tode Jaumes I. gründet sein Sohn Jaume II. das christliche Königreich Mallorca, dem 1287 auch Menorca angeschlossen wird.

Eine bedeutende Entfaltung erlebt Ciutat (Palma). Aufschwung von Handel und Seefahrt, Münzprägung, rege Bautätigkeit, Orts- und Klostergründungen, Einführung der Halbpacht (1301).

Der Dichter, Philosoph und Missionar Ramón Llull wirkt in Mallorca, seit 1281 in Nordafrika und andernorts.

14. Jahrhundert Mallorca hat eine wichtige Stellung im Mittelmeerhandel inne und bringt bedeutende Kartographen hervor. 1311–1324 ist Sancho, der Sohn Jaumes II., König. Sein Neffe und Thronfolger Jaume III. fällt 1349 bei Lluchmayor im Kampf gegen seinen Vetter Pedro IV. von Aragón, der seinen Anspruch auf die Insel geltend macht. Mallorca wird dem Königreich Aragón einverleibt.

15. Jahrhundert Durch die Eheschließung zwischen Ferdinand von Aragón und Isabella von Kastilien (1469) gehen das Königreich Aragón und damit auch die Balearen im Spanischen Königreich auf.

16. Jahrhundert Nach der Entdeckung Amerikas (Kolumbus 1493) und der Interessenverlagerung in den atlantischen Bereich verliert der Handelsverkehr im Mittelmeerraum an Bedeutung. Fortwährende Überfälle und Invasionsversuche von Nordafrika operierender maurisch-türkischer Freibeuter, v.a. unter Chaireddin Barbarossa, verwüsten die Balearen und dezimieren die Inselbevölkerung (Formentera ganz entvölkert). Bau von Festungsanlagen (Palma, Ibiza), Wehrkirchen und Wachttürmen.

17. Jahrhundert Im Jahre 1652 sucht die Pest die Insel Ibiza heim. Die anhaltende Bedrohung durch Freibeuter und Piraten auch auf See führt zur Bewaffnung der ibizenkischen Schiffe, die sich schließlich im 18. Jh. selbst als Korsaren an der Seeräuberei beteiligen.

18. Jahrhundert Im Spanischen Erbfolgekrieg schlagen sich Mallorca und Ibiza auf die Seite der Habsburger gegen die Bourbonen; 1715 wird für Philipp V. die Stadt Palma erobert.

Nach der Französischen Revolution kommen Flüchtlinge auch auf die Balearen.
Klöster und Kirchengüter werden säkularisiert.

19. Jahrhundert Der österreichische Erzherzog Ludwig Salvator lebt von 1860 bis 1913 mit wenigen Unterbrechungen auf Mallorca, besucht mehrmals die Insel Ibiza und verfaßt sein umfassendes Werk "Die Balearen in Wort und Bild geschildert".

20. Jahrhundert In jüngster Zeit teilt Ibiza die Geschicke Mallorcas. In den zwanziger Jahren beginnt ein erstes zaghaftes Aufkommen des Fremdenverkehrs auf Mallorca (nach 1933 auch Zuflucht für Emigranten aus Deutschland).

Im Spanischen Bürgerkrieg (1936–1939) werden Mallorca und Ibiza von den Nationalisten, Menorca von der sozialistischen Volksfront kontrolliert.

Nach Jahren der Entbehrung während und nach dem Zweiten Weltkrieg setzt in den fünfziger Jahren ein rapide zunehmender Massentourismus ein, der bald die Einrichtung von Flughäfen für Düsenflugzeuge auf Mallorca, Menorca und Ibiza erforderlich macht, eine ungezügelte Bautätigkeit entfacht und nicht nur die Landschaft, sondern das ganze wirtschaftliche und soziale Gefüge tiefgreifend (und nicht immer vorteilhaft) verändert.
Das Touristenaufkommen aller balearischen Inseln zusammen beläuft sich im Jahre 1950 auf 98 000, 1960 auf 400 000 und 1970 auf bereits mehr als

2,2 Mio. Besucher, erreicht 1973 insgesamt 3,573 Mio. und steigert sich 1985 auf 4,368 Mio. (Löwenanteil Briten, gefolgt von Deutschen, Spaniern und Franzosen). Auf Ibiza entfallen davon rund 800 000 Personen. 20. Jh. (Fortsetzung)

Am 22. Februar erhalten die Balearen als Comunidad Autónoma de las Islas Baleares (Comunitat Autonoma de les Illes Balears) das Autonomiestatut (Regionalverfassung). Oberstes Verwaltungsorgan ist der Consell General Interinsular de les Illes Balears mit Sitz in Palma de Mallorca. Mit der Regionalisierung der Verwaltung geht ein weiterer Aufschwung regionaler Sprache und Kultur einher. 1983

Im Juni erläßt der Consell Insular einen Vorschriftenkatalog, der die Infrastruktur der Balearen verbessern soll. Unter anderem gelten strengere Bauvorschriften für Hotels; die Abwasserentsorgung wird verbessert. 1988

Rund ein Drittel der gesamten Landfläche der Balearen wird durch Gesetz unter Landschaftsschutz gestellt. 1991

Angesichts der durch wachsenden Tourismus immer kritischer werdenden Wasserversorgung werden auf Ibiza etliche Meerwasser-Entsalzungsanlagen errichtet. 1993

# Kultur- und Kunstgeschichte

Talayotkultur

Kunstschaffen und Architektur sind beredte Zeugen für Fortgang und Etappen der geschichtlichen Entwicklung. Die Talayotkultur (s.S. 25) war vermutlich auf Ibiza ebenso wie auf den übrigen Balearen vertreten, doch erlebte es im sechsten vorchristlichen Jahrhundert eine Punisierung durch die Karthager. Die neuen Herren der Insel dürften das zyklopische Mauerwerk der Talayots abgetragen und die Steine zum Bau ihrer eigenen Anlagen benutzt haben, wofür die megalithischen Quader in den erhaltenen Resten punischer Mauern sprechen.

Die sehr zahlreichen Kunstgegenstände aus der punischen Zeit Ibizas, deren Qualität gelegentlich hervorragend ist, die jedoch überwiegend provinziell plumpe Züge tragen, sind in den Museen der Inselhauptstadt ausgestellt.

Im Gegensatz zu Ibiza konnten sich die Talayotmenschen auf Mallorca und Menorca der Unterjochung durch Karthago weitgehend entziehen. Während für die Punier neben der strategisch günstigen Lage Ibizas auch seine Salinen und Bleiminen von Wichtigkeit waren, unterhielten sie auf den beiden größeren Balearen nur einige kleinere Militärposten, ohne jedoch auf die Urbewohner Einfluß zu nehmen.

Römerzeit

Erst mit der Eroberung durch die Römer verfiel die Balearenkultur rasch. Die auf gute Organisation bedachten Statthalter Roms schickten sich sogleich an, die für ihre neue Vormachtstellung im westlichen Mittelmeer wichtige Inselgruppe mit einem straffen Verwaltungsapparat (Hauptstadt Pollentia, mit Theater; beim heutigen Alcudia) und zweckmäßigen Wirtschaftszentren (Manacor und Palma) sowie einem Straßennetz, das noch heute gut zu verfolgen ist, zu versehen.

Byzantinische Zeit

Aus der nur kurz währenden byzantinischen Epoche stammen Mosaiken einer frühchristlichen Kirche im Museum von Manacor sowie die Reste einer Basilika bei Son Bou an der Südküste von Menorca.

Maurenherrschaft

Der byzantinischen folgt die rund fünf Jahrhunderte dauernde maurische Herrschaft, die den Balearen kulturelle und wirtschaftliche Blüte brachte und auch auf das Brauchtum nachhaltig gewirkt hat.

Romanik
Gotik

Die Romanik hat auf den Inseln kaum Spuren hinterlassen; allein ein Kirchenportal am Almudaina-Palast in Ciutat (Palma de Mallorca) stammt aus dieser Epoche.

Als Jaume I. im Jahr 1229 Mallorca erobert, blüht bereits die Gotik, die auf der Insel so hervorragende Bauwerke wie die Kathedrale und die Lonja von Palma wie auch das großartige Castillo de Bellver als eines der schönsten Beispiele gotischen Festungsbaues überhaupt hervorgebracht hat. Von nun an bleibt das Kunstschaffen im Einflußbereich des iberischen Festlandes. Ausgehende Gotik und frühe Renaissance bringen den als 'plateresk' bezeichneten Baustil hervor, dessen filigrane Ornamentik sich in der Art der Kunst der Silberschmiede (span. plateros) präsentiert.

*Die klar gegliederten, kubischen Elemente der traditionellen Häuser finden sich auch in der zeitgenössischen Architektur wieder*

Barock

Um 1700 setzt ein nach der spanischen Bildhauerfamilie Churriguera 'churrigueresk' genanntes dekorüberladenes Barock ein. Aus dieser Zeit stammen nicht nur Kirchen, sondern auch viele städtische Patrizier- und ländliche Gutshäuser (sons) mit prächtig geschmückten Fenstern, Erkern, geräumigen Innenhöfen (patios), repräsentativen Treppenaufgängen und schönen Kassettendecken (artesonado).

Volkstümliche Baukunst

Von den großen Kunstströmungen weitgehend unberührt bleibt die volkstümliche Bauweise. Eigenständig ist das Ibizenker Haus, dessen festungsartiger Charakter auf die Zeit der mittelalterlichen Piratenüberfälle zurückgeht. Es ist ein alleinstehendes, aus beliebig vielen fensterlosen Kuben zusammengesetztes Haus (ses cases), das den Geländeverhältnissen seines Standortes entsprechend auf mehreren Ebenen angelegt sein kann. Stets besitzt es einen von außen wie von innen gleichermaßen zu beschickenden Backofen. Ursprünglich wurde das Haus aus einem mit Adobe (Lehm) gefüllten Doppelmauerwerk errichtet und mit einer lehmverkleideten Holzdecke versehen. Die Dächer sind nach einer Seite hin geneigt, so daß das Regenwasser abfließen und in Zisternen gesammelt werden kann.
Heute haben sich auch auf Ibiza moderne Baustoffe durchgesetzt, doch die äußere Erscheinung der Häuser hat sich kaum verändert. Vielmehr hat sie mit ihrer logischen Einfachheit sogar der Architektur der 'neuen Sachlichkeit' gewisse Anregungen vermittelt (z.B. Le Corbusier).

Touristik-Architektur

Seit dem Einsetzen des Massentourismus auf den Balearen haben sich die traditionellen Ansichten der Inselstädte und die Landschaftsbilder entlang der Küsten stark verändert. Hotelgettos von gewaltiger Wucht und nicht selten bedauerlicher Einfallslosigkeit sowie aus dem Boden gestampfte Urbanisationen mit vielfach ausgedehnten Bungalowsiedlungen findet man heute an fast allen größeren Stränden und Badebuchten. Bei den in jüngster Zeit entstandenen Bungalow- und Hotelkomplexen allerdings ist

Touristik-
Architektur
(Fortsetzung)

das meist erfolgreiche Bemühen festzustellen, durch Einfallsreichtum im Entwurf und durch zurückhaltende Bauweise sich der Landschaft besser einzugliedern. Auch das zunehmende Bestreben der ibizenkischen Tourismus-Behörden, die Qualität der Hotellerie entscheidend zu heben und bessere Voraussetzungen für eine ganzjährige Urlaubssaison zu schaffen, trägt dazu bei, das Erscheinungsbild der Hotelsiedlungen und Urbanisationen zu verbessern.

# Ibiza in Zitaten

Strabon
Griechischer Schriftsteller
(1. Jh. n. Chr.)

Unter den vor Iberien gelegenen Inseln liegen die beiden Pityusen und die beiden Gymnesien (man nennt sie auch Balearen) vor der Küste zwischen Tarraco und Sukro, auf welcher Saguntum erbaut ist; die Pityusen aber liegen mehr in hoher See und weiter gegen Westen geneigt als die Gymnesien. Die eine von ihnen heißt Ebusus (heute Ibiza – Red.) und enthält eine gleichnamige Stadt; der Umfang der Insel aber beträgt 400 Stadien (74 km), fast gleich in Breite und Länge. Die andere aber, Ophiusa (heute Formentera – Red.), die dieser nahe liegt, ist unbewohnt und viel kleiner als sie.
(...)
Wegen der Vortrefflichkeit des Bodens sind die Einwohner (der Balearen) friedfertig, wie auch die von Ebusus. Da aber einige wenige Schlechtgesinnte Gemeinschaft mit den Seeräubern gemacht hatten, wurden alle verdächtig, und Metellus, der den Beinamen Balearicus erhielt, zog gegen sie aus, derselbe, der auch die Städte erbaute. Aber ebenjener Vortrefflichkeit des Bodens wegen oft angegriffen, sollen sie, obgleich friedfertig, doch die trefflichsten Schleuderer geworden sein; und zwar übten sie sich, wie man sagt, hierin besonders, seitdem die Phöniker ihre Inseln in Besitz nahmen.
(...)
Zu der Fruchtbarkeit des Bodens kommt auch noch, daß man daselbst nicht leicht schädliche Tiere findet. Denn selbst die Kaninchen sollen dort nicht einheimisch sein, sondern erst als von der gegenüberliegenden Küste von jemand ein Männchen und Weibchen dahingebracht worden, soll die Fortpflanzung erfolgt sein, die gleich anfangs eine so gewaltige war, daß sie selbst Häuser und Bäume durch ihr Untergraben umstürzten und die Menschen zu den Römern ihre Zuflucht zu nehmen gezwungen waren. Jetzt läßt aber ihre Geschicklichkeit im Wegfangen derselben das Übel nicht überhand nehmen, sondern die Eigentümer haben reichlichen Ertrag von dem Lande.

Aus: Geographika

Erzherzog Ludwig Salvator von Österreich
Forscher und Privatgelehrter
(1847–1915)

Die Ensaimadas sind eine Art weiche, runde Kuchen, die aus einem Teige von feinstem Weizenmehl (Jéxa), Eiern, Zucker und Wasser bereitet werden. Den Teig läßt man einen oder zwei Tage stehen, je nachdem man sich in der warmen oder kalten Jahreszeit befindet, dann rollt man ihn auf einer Holzplatte aus, bedeckt ihn mit einer leichten Schweineschmalzschicht (Saim), kehrt ihn um und bildet daraus die einzelnen Kuchen, die nun in den Backofen kommen, und wenn sie denselben verlassen, mit Zuckerpulver bestreut werden.
(...)
Die Cuartos, welche aber mehr zu Gefrorenem gegessen werden, (...) bilden eine mallorquinische Spezialität und gehören wegen ihrer Zartheit und leichten Verdaulichkeit zu den trefflichsten Backwerken, die ich je genossen habe. Sie werden folgendermaßen bereitet: Man schlägt in einem Bekken (Ribella) sorgfältig Eidotter mit Zucker feinster Sorte und in einem anderen Gefäße Eiweiß; dann mischt man beide Substanzen zusammen, schüttelt die Mischung sorgfältig durcheinander und fügt mit einem kleinen Siebe so lange Stärkemehl hinzu, bis ein ziemlich dicker Teig entsteht. Da-

Ludwig Salvator
(Fortsetzung)

mit füllt man kleine viereckige Formen von Blech oder Papier und röstet diese im Backofen. Sowie sie aus demselben herauskommen, bestreut man sie mit gestoßenem Zucker feinster Qualität und nimmt sie gleichzeitig aus der Form, in der sie gebacken wurden.
(...)
Die Congrets sind kleine, dünne, runde, etwas konkave Kuchen, außen fast schokoladenfarbig, inwendig aber weiß. Die Bereitung derselben gilt als ein Geheimnis der Nonnen; nach Angabe einer gut unterrichteten Person soll man dabei folgendermaßen verfahren: Man macht einen Teig von 12 sorgfältig geschlagenen Eiern, 1 1/2 Libra (etwa 3/4 kg) Zucker und 5 Löffeln Stärkemehl. Die daraus gebildeten Kuchen legt man auf ein Papier und läßt sie bei einem starken Hitzegrad im Backofen rösten.
(...)
Die Tordada Reyal ist eine auf Mallorca sehr geschätzte Torte. Man bereitet sie folgendermaßen. In einer Tortenform wird ein feiner Teig ausgebreitet und darüber eine trockene Schicht von Pasta Reyal gelegt. Darunter versteht man einen Teig von gemahlenen Mandeln, Zucker, Zitronen und Orangenschalen. Über diese Schicht legt man eine zweite von Aprikosen-Konfitüre, und darauf abermals eine Schicht von Pasta Reyal und bedeckt das Ganze mit einem Guß aus Zucker und Eiweiß. Nun wird diese Torte in den Backofen zum Trocknen gestellt und mit Konfekten, Blumen etc. verziert.

Aus: Die Balearen, Leipzig 1869–1891

Jules Verne
Französischer
Schriftsteller
(1828–1905)

(Die Handlung des Romans "Reise durch das Sonnensystem" geht davon aus, daß ein an der Erde vorbeiziehender Komet einen Teil des westlichen Mittelmeerraums von dieser losreißt und in eine Umlaufbahn um die Sonne bringt. Eine Handvoll Menschen machen diese abenteuerliche Reise mit, in deren Verlauf sich die klimatischen Verhältnisse auf dem Erdenbruchstück dramatisch verändern.)
Am 15. April hörte man Nina plötzlich laut um Hilfe rufen. Ein Schwarm Seemöwen hatte sich auf das Mädchen gestürzt und hackte auf einen Vogel ein, den sie an sich preßte. Als Pablo die Möwen in die Flucht geschlagen hatte, zeigte das Mädchen den Vogel her. Es war eine Brieftaube, an deren Hals ein Beutel hing. Hauptmann Servadac zog einen der schon bekannten Zettel aus der Hülse.

> "Gallia
> chemin parcouru du 1er mars au 1er avril:
> 158 800 000 km.
> distance de soleil: 440 000 000 km
> capté Nérina en passant.
> Vivres vont manquer..."

Der Rest des Zettels war von den Möwen zerhackt worden. Wieder fehlte die Adresse. Die Männer suchten überall nach den fehlenden Papierstückchen, ohne Erfolg. Plötzlich entdeckte Nina auf einem Flügel der Brieftaube ein paar Buchstaben, die mit einem Farbstempel aufgedrückt waren. Das ganze Wort ergab den Namen Formentera. "Formentera!" rief der Hauptmann. "Der Verfasser lebt also auf den Balearen. Wir müssen sofort hin und ihn holen."
"Ich bin dabei", sagte der Graf, "aber wie kommen wir hin?"
"Auf Schlittschuhen", antwortete Hauptmann Servadac, "es sind allerdings knapp 500 km bis zu den Balearen."
"Das schaffen Sie niemals zu Fuß", sagte Leutnant Prokop. "Sie können zwar den nötigen Proviant auf den Rücken schnallen, aber wie wollen Sie ein paar halbverhungerte Menschen 500 km weit übers Eis schleppen? Sie brächten ja nur Leichen mit."
"Was sollen wir nur machen?" sagte der Hauptmann. "Auf dem Zettel steht, daß da jemand am Verhungern ist."
"Vielleicht bauen wir einen Pferdeschlitten", meinte Ben-Zouf.

Jules Verne
(Fortsetzung)

“Ach was”, sagte Leutnant Prokop, “das geht viel zu langsam. Wir bauen das kleine Beiboot der ‘Dobryna’ zu einem Segelschlitten um.”
(. . .)
Mit Hilfe des Kompasses und des Polarsterns konnte der Leutnant auch in der Nacht den Kurs halten. Bis zum nächsten Morgen war der Segelschlitten schon so weit vorangekommen, daß der Leutnant die Segel reffte und Kurs Nordost nahm, um Formentera unter dem Wind anlaufen zu können. Der Hauptmann stand trotz der schneidenden Kälte am Bug und schaute angestrengt nach vorn. Plötzlich entdeckte er weit am Horizont ein seltsames Gestell, das sich scharf von der Eisfläche abhob.
Sofort zogen die Männer die Segel wieder auf, und bald sahen sie auch ein paar Felsen, auf denen ein trigonometrisches Signal errichtet war. 1 km von den Klippen wurde das Briggsegel eingezogen; der Schwung des Eisseglers reichte aus, um ihn bis ans Ziel zu treiben. Kaum war der You-You knirschend an Land gestoßen, sprangen der Hauptmann und der Leutnant hinaus und liefen zu einer Hütte, die am Fuß des Holzgestells stand. Der Rest von Formentera maß im Umfang höchstens noch 0,5 km.

Aus: Reise durch das Sonnensystem (um 1870), Frankfurt/Main 1971

Miguel Angel
Asturias
Guatemaltekischer
Schriftsteller
(1899–1974)

Das Meer, das spiegelnd diese Inseln pries,
Zeigt, wo noch Pinien, wo Oliven stehen –
Gesäumt von Feigenbäumen und Kakteen
Beginnt hier Tag um Tag das Paradies.

Mühlen, die näher geistern – Zaubertaten
Des Windes, Flügelkreuze, kein Altar,
Mühlen, doch kein Quijote ... Säkular
Der Turm am Meer der Berber und Piraten ...

Sanftlippig kämpft das Meer, spült unverbissen
Um Inseln, die als Beute langer Reisen
Eroberer gleich Mädchen an sich rissen ...

Stets war Geschichte Seefahrt hier, verhieß
Vernunft. Und für die Sehenden, die Weisen
Beginnt hier Tag um Tag das Paradies.

(Nachdichtung von Helmut Frielinghaus)

# Reiseziele von A bis Z

# Routenvorschläge

Es ist auch bei einem ausgesprochenen Bade- oder Vergnügungsurlaub auf jeden Fall empfehlenswert, auch das Inselinnere von Ibiza zu bereisen. Am bequemsten geschieht dies mit einem Leihwagen (→ Praktische Informationen, Mietwagen); besonders beliebt sind die handlichen Fahrzeuge etwa vom Typ Opel Corsa oder Ford Fiesta, deren Motorleistung für die überwiegend recht schmalen und oft kurvenreichen Inselstraßen völlig ausreicht.

Nachstehend werden einige Routenvorschläge für Fahrten auf Ibiza gemacht. Ausgangs- und Endpunkt ist die Inselhauptstadt Eivissa, von der die wichtigsten Überlandstraßen sternförmig ausgehen.

Entsprechendes für Formentera findet sich bei der betreffenden Inselbeschreibung (s. S. 56).

Orte, die im Abschnitt 'Reiseziele von A bis Z' mit einem Hauptstichwort genannt sind, erscheinen nachstehend **in halbfetter Schrift**. Die Entfernungsangaben beziehen sich auf die Gesamtstrecke von und bis Eivissa.

## 1. Von Eivissa über Sant Josep nach Sant Antoni (ca. 50 km)

Hauptstrecke

Die Strecke erschließt den bergigen Westteil der Insel mit seinen vorgelagerten kleinen Inseln und schönen Badebuchten. Man verläßt **Eivissa** in westlicher Richtung, wobei man zunächst, vorbei am Verkehrskreisel mit der Abzweigung in Richtung Sant Josep, der Ausschilderung zum Flughafen folgt.

Abstecher zu den Salinen

In Sant Jordi gabelt sich die Straße: rechts zum Flughafen, links nach Sant Francesc de ses Salines. Direkt an den weiten Verdunstungsbecken steht das hübsche Kirchlein. Hier zweigt links ein nicht asphaltierter Fahrweg ab, der durch die kiefernbestandene Küstenlandschaft zur etwa 2 km entfernten Torre des Carregador, einem kegelförmigen Wachtturm aus dem 16. Jh., führt, der an einem schönen Aussichtspunkt steht.
Die Asphaltstraße zieht von Sant Francesc weiter nach Süden und am Fuß des 160 m hohen Corpmari vorüber, hinter dem man links die große, feinsandige Platja des Cavallet erreichen kann. Dann wieder eine kurze Strekke zwischen den Salzgärten hin, bis sich links der Blick auf die weite, hellsandige Platja de Migjorn öffnet. Die Stichstraße endet in dem kleinen weißen Hafenort Sa Canal, wo ein Anlegesteg für die Salzverladung ins Meer hinausreicht. Dann kehrt man über Sant Jordi zu dem oben genannten Verkehrskreisel zurück.

Hauptstrecke (Fortsetzung)

Die gut ausgebaute Straße nach Sant Josep führt zunächst in einer langen Geraden, dann in weiten Kurven leicht bergan (links Abzweigungen zur

◂ *S. 36/37: Bei der Einfahrt in den Hafen bietet sich ein herrlicher Panoramablick auf Eivissa*

## Routenvorschläge auf Ibiza

Route 1 (Fortsetzung)

Cova Santa und nach Sa Caleta, später nach Porroig) nach **Sant Josep de sa Talaia** am Fuß des Aussichtsbergs Sa Talaia (wörtlich = Ausguck). Von der Ortsmitte kann man direkt südlich nach **Es Cubells** fahren; die Hauptstrecke führt jetzt kurvenreich und landschaftlich sehr schön an der Abzweigung der auf den Talaia führenden Schotterpiste vorüber.

Variante direkt nach Sant Antoni

Wer direkt nach Sant Antoni gelangen will, hält sich bei der Straßenteilung kurz hinter Sant Josep rechts und erreicht den etwas abseits gelegenen kleinen Weiler **Sant Agusti**, wo die von der Westküste kommende Hauptstrecke wieder einmündet.

Hauptstrecke (Fortsetzung)

Die von Sant Josep weiterführende Hauptstrecke führt über die Einsattelung zwischen der Serra de Sant Josep (südlich) und der Serra de Cala Molí (nördlich) und kommt zur stark gegliederten, buchtenreichen Küste. Auf diesem Teil der Strecke bieten sich öfter schöne Ausblicke auf die Insel **Es Vedrá**.

In vielen Kurven geht es, zeitweilig abseits der Küste, von Bucht zu Bucht Cala Molí, Cala Tarida, Cala Corral, ehe sich die Straße wieder dem Inselinnern zuwendet und bei **Sant Agusti** (s. zuvor) die Abkürzung von Sant Josep aufnimmt.

Nun durchquert man ein äußerst intensiv für den Tourismus erschlossenes Gebiet, das sich an der ganzen Südseite der Bucht von Sant Antoni (Badia de Sant Antoni) hinzieht. An der Ortseinfahrt von **Sant Antoni de Portmany** steht auf einem Straßenrondell die eigenwillige Großplastik "Ei des Kolumbus"; dahinter zieht sich am Hafen eine breite Promenade hin. Sant Antoni ist noch immer die lauteste, schrillste und turbulenteste Touristenhochburg der Insel.

**Routenvorschläge**

Route 1 (Fortsetzung)

Eine hervorragend ausgebaute Schnellstraße verbindet Sant Antoni mit dem weit im Binnenland gelegenen **Sant Rafel de Forca**, das als Töpferdorf und Standort der renommiertesten Diskotheken von Ibiza geradezu Berühmtheit erlangt hat. Von dort kehrt man weiterhin auf langen Geraden nach Eivissa zurück, wobei sich kurz vor dem Stadtgebiet ein Abstecher zum Cor de Jesus, einer Christusstatue in schöner Aussichtslage, lohnt.

## 2. Von Eivissa nach Santa Agnes (ca. 50 km)

Hauptstrecke

Man verläßt die Inselhauptstadt auf der nordwestlich nach **Sant Rafel** führenden Schnellstraße (vgl. Route 1) und folgt von dort der beschilderten Nebenstrecke, die durch großenteils landwirtschaftlich genutztes Hügelland nach **Santa Agnes** mit seiner weißen Kirche und dem altbekannten ländlichen Lokal "Can Cosmi".

Eine schmale und recht bergige Nebenstraße durchzieht die östlich von Santa Agnes sich ausbreitende bäuerliche Landschaft, zwischen deren in Terrassen angelegten Feldern viele alte Gehöfte stehen, die den klaren kubischen Baustil der Insel noch unverfälscht zeigen. In einer fruchtbaren Verebnung liegt **Sant Mateu d'Aubarca**; auch hier ist die schlichte weiße Kirche aus dem 17. Jh. das dominierende Baudenkmal. Das an der Route folgende **Santa Gertrudis de la Fruitera** ist eine wohlhabende, aufstrebende ländliche Gemeinde.

Abstecher

Eine schöne Strecke zweigt in Santa Gertrudis nach Norden ab. Über **Sant Miquel de Balanzat** kommt man zum schönen, auch durch seine Schauhöhle bekannten Badestrand Port de Sant Miquel.

Hauptstrecke (Fortsetzung)

Von Santa Gertrudis kehrt man, zunächst am links sich erhebenden Talaia de Sant Llorenç, dann an etlichen Windrädern vorüber, nach Eivissa zurück.

## 3. Von Eivissa nach Sant Joan und Santa Eulària (ca. 60 km)

Hauptstrecke

Man verläßt die Innenstadt von **Eivissa**, fährt am modernen Jachthafen vorbei und folgt zunächst der Beschilderung in Richtung Sant Joan. Auf breiter Straße kommt man nach **Sant Llorenç de Balafia**, in dessen Nähe der alte, wehrhafte Weiler Balafia mit seinen Kubushäusern und ockerfarbenen Turmstümpfen einen Besuch lohnt. Dann erreicht man **Sant Joan de Labritja** am Fuß des Furnas.

Abstecher

Nach Norden der windungsreichen, landschaftlich sehr schönen Straße folgend, erreicht man das Feriengebiet um den kleinen Hafenort Portinatx mit seiner pittoresken, zerklüfteten Felsküste und der ruhigen kleinen Hafenbucht.

Hauptstrecke (Fortsetzung)

Von Sant Joan östlich erreicht man das Gemeindegebiet von **Sant Vicent de sa Cala**, dessen hochgelegene Kirche als Wallfahrtsziel besucht wird. Dann senkt sich die Strecke, zuletzt in einigen Serpentinen, zur breiten, feinsandigen Cala de Sant Vicent, einer der besten größeren Badebuchten der Insel.

Weiter geht es in Richtung Santa Eulària durchs Landesinnere, wobei des öfteren schmale Nebenstrecken zu intimen kleinen Buchten (Cala Mastella, Cala Llenya, Cala Nova u.a.) führen. Der Ort Sant Carles liegt bereits auf dem ausgedehnten Gemeindegebiet von **Santa Eulària des Riu**, wo unmittelbar unterhalb der das Stadtbild beherrschenden Kirche das neue Volkskundemuseum Einblick in die bäuerliche Inselkultur gibt. Nordwest-

Route 3
(Fortsetzung)

lich außerhalb liegen die Strände von Es Cana und Punta Arabi, wo auch ein altberühmter Hippie-Markt abgehalten wird.

Für Golfspieler interessant ist Roca Llisa, wo in lieblicher Talaue ein jüngst vergrößerter 18-Loch-Platz liegt.

Kurz ehe man die zu Beginn der Rundtour befahrene breite Straße nach Sant Llorenç wieder erreicht, durchquert man den Ort Jesus, in dessen Kirche ein weitberühmter gotischer Altar zu sehen ist. An **Talamanca** vorbei erreicht man wieder das Zentrum von Eivissa.

# Reiseziele von A bis Z

Hinweis

Die Schreibung und Alphabetisierung der Ortsnamen folgt den ibizenkischen Bezeichnungen, die seit kurzem allein verbindlich sind. Um die Orientierung zu erleichtern, sind ggf. die den Touristen bislang noch geläufigeren hochspanischen Namen in Klammern nachgestellt.

## **Cala Sant Vicent** (Cala San Vicente)

→ Sant Vicent de la Cala

## **Ciudad de Ibiza**

→ Eivissa

## **Conillera** (Conejera) C 1

Höhe: bis 70 m ü.d.M.
Keine regelmäßige Schiffsverbindung

Lage und Landschaftsbild

Die felsige Illa Conillera (Isla Conejera) ist die größte Insel des kleinen Archipels, der sich vor der Westspitze von Ibiza und der Bucht von Sant Antoni de Portmany befindet. Die Insel ist 3 km lang und bis 70 m hoch; an ihrer Nordspitze steht ein Leuchtturm. Hier oder auf der weiter südlich gelegenen Isla Es Vedrá soll der karthagische Feldherr Hannibal geboren sein.

Illa Bosque
Illas Bledas

Südlich liegen die Illa Bosque, auf der in bescheidenem Umfang Ziegenzucht betrieben wird, und die Insel Esparto, die gleichfalls einen Leuchtturm trägt.
Westlich der Illa Conillera liegen die kleinen und unbewohnten Illas Bledas; auf Bleda Plana ein Leuchtturm.

## **Eivissa** (Ciudad de Ibiza) D 4

Höhe: 0–100 m ü.d.M.
Einwohnerzahl: 26 000

Lage

Die Hauptstadt Eivissa (Ciudad de Ibiza) liegt im Süden der Insel Ibiza an der nur nach Südosten offenen, ausgezeichnet geschützten Hafenbucht.

Allgemeines

Eivissa ist Verwaltungszentrum der Insel und Bischofssitz. Mit seinen typischen, am Burgberg ansteigenden hellen Kubushäusern und der ummau-

*Blick von der Oberstadt auf das Hafenbecken*

Allgemeines (Fortsetzung)

erten Oberstadt bietet es einen höchst reizvollen Anblick. Der unbekümmerte Charme und die südländisch-maurische Atmosphäre haben die Stadt in den sechziger Jahren zu einem beliebten Treffpunkt für Künstler, Bohemiens und Hippies gemacht. Vor allem im Sommer zieht sie Touristen aus aller Welt an, die hier auf Zeit ein ungezwungenes Leben fern aller bürgerlichen Konvention genießen wollen.

## **Stadtbild

Wenngleich die Mehrzahl der Besucher die Stadt vom Flughafen her auf dem wenig interessanten Landweg erreicht, so bleibt doch die Anreise zu Schiff ein eindrucksvolles Erlebnis, das man sich, z.B. bei von Mallorca her, nicht entgehen lassen sollte.

Das Stadtbild mit den sich weithin sichtbar auftürmenden Häusern, gekrönt von den wuchtigen Festungsbastionen der Oberstadt, wird als eine der malerischsten Ansichten im westlichen Mittelmeer gerühmt.

Anreise

Das Schiff läuft in die Bucht ein, welche zwischen der Punta Grossa (östlich; mit dem Leuchtturm von Botafoch) und der Punta de Mallorca (westlich) in die Insel eingreift. In ihrer Nordwestecke liegt der durch zwei Molen gesicherte Hafen (Port de Eivissa; auch Fischerhafen).

Hafen

Das Schiff legt an der Hauptmole (Contramoll; mit Abfertigungshalle und Restaurant) an, die etwa von der Mitte der rund 600 m langen Kaimauer in das Hafenbecken vorspringt. Am Molenfuß steht ein Obelisk (1915) für die Ibizenker Korsaren und ihren Kapitän Antonio Riquer Arabí (1773–1846), der 1806 die unter der britischen Flagge von Gibraltar segelnde Brigg "Felicity" in der Bucht von Ibiza-Stadt aufbrachte und ihren Kommandanten, den berüchtigten Piraten Miguel Novelli, gefangennahm.

Hafen (Fortsetzung)

Entlang dem Hafenkai verläuft die lebhafte Promenadenstraße Avinguda Andenes (Fußgängerzone) mit Restaurants, Straßencafés und Taxistand.

Im nördlichen Teil des Hafenbeckens befindet sich der moderne Jachthafen (Marina Ibiza Nueva); dabei auch das Spielkasino.

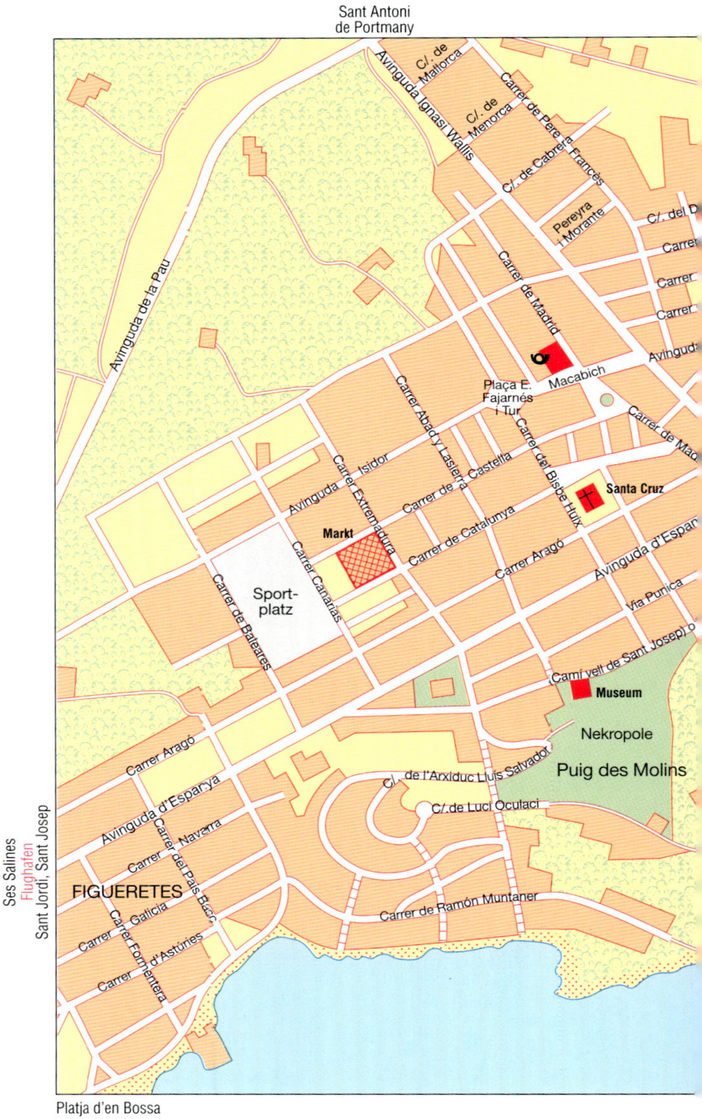

## Unterstadt

Südlich vom Hafen erstreckt sich die Unterstadt, heute das betriebsame Geschäftsviertel von Ibiza. In ihrem 'La Marina' genannten westlichen Teil gibt es zahlreiche Läden, Boutiquen, Restaurants und Bars.

La Marina

Detailplan s. S. 48

*Im Teatro Pereira wird heute gute Live-Musik geboten*

Unterstadt (Fortsetzung)

Direkt südlich der Hauptmole, am Carrer del Bisbe Cardona, bemerkt man die Kirche El Salvador, die an der Stelle der ursprünglich aus dem 15. Jh. stammenden und im Bürgerkrieg zerstörten Fischerkirche San Telmo errichtet wurde. An der Plaza de la Constitución steht bei der durch die Ummauerung und zur Oberstadt führenden Rampe das nach klassischen Vorbildern errichtete Gebäude des alten Gemüse- und Obstmarktes (1872), südöstlich von hier an der Calle de Alfonso XII der Fleisch- und Fischmarkt auf achteckigem Grundriß. Unweit westlich der bemerkenswerte klassizistische Bau des Teatro Pereira (heute Kino). Der einst bedeutende Hippiemarkt in den Altstadtgassen hat an Bedeutung verloren.

*Sa Penya

Der älteste Stadtteil außerhalb der Festungsmauern ist das Viertel Sa Penya (einstiges Fischerviertel), das mit zahlreichen Treppengassen bis zur Bastion aufsteigt. Mit seinen weißen kachelgeschmückten Häusern, pittoresken Treppen und verträumten Winkeln hat es sich seinen urigen, orientalisch anmutenden Charakter weitgehend bewahrt. Heute befinden sich in den Gassen zahlreiche, oft von Ausländern betriebene Lokale, Boutiquen, Diskotheken u.a.

Vom Ende des Carrer de la Vista Alegre, die nahe dem Fuß der Bastionen verläuft, wie auch vom Ende der Ostmole, welche das Hafenbecken gegen das Meer abriegelt, bieten sich schöne Blicke auf die Stadt und das gegenüberliegende Buchtufer.

Neuere Teile der Innenstadt

Westlich von La Marina dehnt sich die moderne Unterstadt aus. Sie wird von dem breiten, teilweise palmenbestandenen Passeig Vara de Rey (auch Rambla genannt) durchzogen. In der Mitte des langgestreckten Platzes wurde 1904 ein Denkmal für den Ibizenker General Joaquín Vara de Rey (1840–1898; Abb. S. 52) aufgestellt, der im Kampf gegen weit überlegene US-amerikanische Truppen um das kubanische El Caney fiel. An der Rambla liegen die wichtigsten öffentlichen Gebäude und Banken sowie die Ofi-

*Das einstige Dominikanerkloster und die Kathedrale beherrschen die Oberstadt von Eivissa*

Unterstadt (Fortsetzung)

cina d'Informació i Turisme (Verkehrsamt; Nr. 13). Am hafenseitigen Ende des Boulevards steht das stattliche Café Montesol; es ist ein beliebter Zeitvertreib, von seiner Terrasse den Flaneuren zuzusehen.

## *Oberstadt (Dalt Vila)

Festung

Südlich über der Unterstadt erheben sich die ausgezeichnet erhaltenen, mächtigen Mauern der spätmittelalterlichen Festung, die 1942 zum Nationaldenkmal erklärt worden ist. Sie entstand in den Jahren 1554–1585 auf Geheiß Kaiser Karls V. nach Plänen des aus Italien stammenden Baumeisters Calví, der auch die großen Festungen von Perpignan (Frankreich) und Cádiz (in der südspanischen Region Andalusien) errichtet hat. Die Festung erhebt sich über den Resten der arabischen Ummauerung, von der nur geringe Teile erhalten sind. Es ist zu vermuten, daß hier einst auch die befestigte Stadt der Karthager lag. Die auf dem Grundriß eines unregelmäßigen Siebenecks mit sieben Eckbastionen (Sant Joan, Santa Llucia, Santa Tecla, Sant Bernat, Sant Jordi, Sant Jaume und Portal Nou) angelegte und durch drei Tore zugängliche Feste umschließt die Oberstadt (ibiz. Dalt Vila) mit ihren verwinkelten Treppengassen (Kunstgalerien, Restaurants), dem Kastell, der Kathedrale, dem Bischofspalais, alten Verwaltungsgebäuden und stattlichen Herrenhäusern.
Man erreicht die Oberstadt von der Plaça de la Constituciò über die 'El Rastrillo' genannte breite Rampe und durch das Portal de ses Taules, das einst durch eine Zugbrücke gesicherte Haupttor. Über dem Portal eine Wappentafel sowie eine Inschrift über die Vollendung der Mauern unter Philipp II. im Jahre 1585.

Museu d'Art Contemporani

Zu beiden Seiten des Tors stehen die Kopien zweier stark angegriffener römischer Statuen (links ein Legionär, rechts die Göttin Juno; Originale im

**Museu d'Art Contemporani (Fortsetzung)**

Archäologischen Museum; s. unten), die beim Bau der Festung entdeckt wurden. In der ehem. Sala de Armas, dem Querbau über dem inneren Tor, befindet sich das Museu d'Art Contemporani (Museum für zeitgenössische Kunst).
In der inneren Festungsmauer öffnet sich die Portella, ein der arabischen Mauer zugeschriebener Torbogen.
An der rampenartig vom Haupttor in die Oberstadt führenden Straße bemerkt man rechts das originelle Denkmal für Isidor Macabich (1883–1973). Der Kleriker ist der bedeutendste Historiograph der Pityusen.

**Portal Nou**

Als westlichste der Bastionen bietet das Portal Nou (Neues Tor) einen schönen Blick über den Puig des Molins (s.S. 51) und die westlichen Stadtteile.

**Esglesia del Hospital**

Verborgen im Gewirr der engen Gassen steht am Carrer Sant Josep die bescheidene Esglesia del Hospital von 1708; am Portal die lateinische Inschrift "Paupertas aedificavit sibi Domum" ('Die Armut hat sich ein Haus erbaut'). Weiterhin an einer Hausfassade die kleine Capella de Sant Ciriac (Zyriakuskapelle); an ihr berichtet eine Inschrifttafel, daß hier am 8. August 1235, dem Tag des Heiligen, die christlichen Truppen in die Stadt eingedrungen seien. Nahebei steht auch der Convento de San Cristobal, ein Kloster der Kanonikerinnen von St. Augustinus. Die einschiffige Klosterkir-

*Römerstatue am Tor zur Oberstadt*

*Denkmal für Isidor Macabich*

Hospitalkirche (Fortsetzung)

che besitzt einen wuchtigen Barockaltar mit dem Bild des hl. Christophorus.

El Palacio

Am Carrer de la Conquesta steht das Hotel El Palacio ('Hotel of the Movie Stars'), das besonders von Größen des Showgeschäfts besucht wird. An der Fassade ist eine große Zahl von Betontafeln angebracht, in denen Prominente ihre Handabdrücke hinterlassen haben.

Im westlichen Teil der Oberstadt stehen etliche alte Herrenhäuser, so u.a. am Carrer del Bisbe Torres die 'Casa de les Laudes', heute Sitz des Instituts für Ibizenkische Studien.

Kathedrale

Die Oberstadt wird bekrönt von der Kathedrale (Mare de Deu de la Neu = Muttergottes vom Schnee; korrekte Kleidung dringend erwünscht). Sie entstand bald nach der katalanischen Reconquista im 13./14. Jh. an der Stelle eines antiken Heiligtums, über dem Marcus Aurelius 283 n. Chr. einen Merkurtempel hatte errichten lassen, der dann in eine christliche Basilika und später in eine Moschee umgewandelt worden war. Von dem ursprünglich gotischen, im 17. Jh. grundlegend umgestalteten Bau sind nur der Turm (105 m; lohnende Aussicht) und das Portal zur Sakristei erhalten; der Rest zeigt die schweren Formen des spanischen Barock.
Im kurzen rechten Querhausarm hängen zwei gotische Tafelbilder mit Goldgrundmalerei. Ein Portal mit spätromanischem Figurenschmuck führt in die Sakristei (Eintrittsgebühr); in dem hier und in den anschließenden Räumen untergebrachten kleinen Museum sind schöne Meßgewänder, gotische und barocke Gemälde sowie im Obergeschoß liturgisches Gerät zu sehen (besonders erwähnenswert eine gotische Monstranz mit Grubenschmelzarbeit, 14. Jh. und das Reliquiar des hl. Zyriakus, Ko-Patron von Ibiza).
Vom Vorplatz der Kathedrale bietet sich ein reizvoller Blick auf die Stadt und das Hafenbecken.

*Am höchsten Punkt der Stadt steht die Kathedrale*

*Archäologisches Museum

Am Kathedralenplatz befindet sich nördlich der Kirche das Museu Arqueològic (Archäologisches Museum; tgl. 10.00–13.00; So. und Fei. geschl.). Es ist in den tiefgelegenen Kasematten der Festung (Baluard Santa Tecla) untergebracht.
Die sehenswerten Sammlungen umfassen phönikische, punische und römische Funde (u.a. die Originale der in Kopie am Stadttor sichtbaren römischen Großplastiken) aus der Umgebung der Stadt sowie aus der Höhle von Es Culleram (→ Sant Vicent de sa Cala). Die punischen Funde ähneln denen im Museum am Puig des Molins (s.S. 51).

Am Kirchenvorplatz stehen etliche alte Gebäude, von denen das gotische einstige Haus der Seefahrergilde (13./14. Jh.) sowie das nach der Reconquista im Mudejarstil erbaute alte Rathaus einen Blick verdienen.

Bischofspalais

Westlich gegenüber der Kathedrale bemerkt man das Bischöfliche Palais mit seinem gotischen Portal, schönem Innenhof und Garten; nördlich davon die alte Kurie (ehem. Pfarrhaus) mit ebenfalls gotischem Portal.

Rathaus

Geht man von der Kathedrale nordöstlich abwärts in Richtung Santo Domingo, so kommt man zur Casa Consistorial, dem in einem einstigen Konventsgebäude untergebrachten Rathaus (Ayuntamiento). Im Ratssaal hängen etliche Bilder zur Geschichte von Ibiza-Stadt.

Santo Domingo

Nordöstlich und weit unterhalb der Kathedrale steht im Bereich der äußeren Ummauerung die Kirche Santo Domingo (allgemein 'El Convent' genannt), die gegen Ende des 16. Jh.s als Kirche des 1591 gegründeten und 1834 aufgelassenen Dominikanerklosters San Vicente Ferrer begonnen wurde. Im Inneren der von mehreren Kuppeln überwölbten Kirche sind Fresken sowie schöne Kachelwände und -böden erhalten; in der seitlichen Capilla del Roser (Rosenkranzkapelle) ein bemerkenswertes barockes Altarbild.

Die untere Ummauerung kann auf ihrer Krone umgangen werden; von der Nordostbastion (Baluard de Santa Llucia) überblickt man (von links nach rechts) die Unter- und Neustadt, das Hafenbecken und dahinter das Gebiet um Talamanca, ferner die im Süden gelegene Insel Formentera.

**Ausblick

Südwestlich der Kathedrale thront auf dem höchsten Punkt der Oberstadt, an der Stelle der punischen Akropolis und des späteren maurischen Alkazars (Almudaina), das Kastell (derzeit wegen Restaurierung unzugänglich), ein in mehreren Stilepochen gewachsener Festungsbau mit mittelalterlichem Turm. Von der dahinterliegenden Bastion Sant Bernat reicht der Blick über die Stadt, den Süden der Insel und bis nach Formentera.

Castillo

## *Puig des Molins

Vom Portal Nou (s. zuvor) führt die Via Romana auf den Fundamenten einer alten Römerstraße westwärts zum Puig des Molins ('Mühlenhügel'), auf dessen Anhöhe noch die Stümpfe von vier Windmühlen aus dem 13. Jh. sowie eine Sternwarte stehen. Am Berghang wurde die mit rund 4000 Grabkammern größte bisher bekannte punische Nekropole freigelegt. Die Kammern sind teils in den Fels gehauen; einige von ihnen können im Zusammenhang mit dem Besuch des Museums (s. unten) besichtigt werden. Der Hang diente seit dem 7. Jh. v. Chr. und bis in die römische Zeit als Beerdigungsstätte, nach der Zeitenwende insbesondere für vornehme und reiche Bürger.

Nekropole

Die der beträchtlichen Ausdehnung des Gräberfeldes wie auch dem langen Bestattungszeitraum entsprechenden reichhaltigen Funde an Grabbeigaben sind im Museu Monogràfic del Puig des Molins (So. und Fei. geschlossen) ausgestellt, das an der Via Romana in unmittelbarer Nähe der Gräberstadt steht. Diese Sammlung ist wohl die bedeutendste ihrer Art

*Museum (bis 1997 wegen Umbau geschlossen)

*Funde aus punischer Zeit ...*

*... im Archäologischen Museum*

NCO DE CREDITO
A
VARA DE REY

überhaupt. Zu sehen sind vor allem Terrakotten in großer Zahl, dazu tönerne Model, die auf eine Serienfabrikation der Grabbeigaben hindeuten; ferner Kult- und Kriegsgerät, Sarkophage, Hausrat, Schmuck und Münzen. Im Gegensatz zum Archäologischen Museum (s.S. 50) stammen die Funde dieses Museums ausschließlich aus dem Gräberfeld am Mühlenhügel.

Puig des Molins (Fortsetzung)

## Figueretes (Figueretas)

Westlich jenseits des Puig des Molins liegt der Vorort Figueretes. Entlang dem teils felsigen Strandstreifen der Platja Figueretes stehen zahlreiche Hotels.

Platja d'en Bossa

Noch 2 km weiter südwestlich erstreckt sich der lange Sandstrand der Platja d'en Bossa, an dem gleichfalls viele große Hotels gebaut wurden. In der Hochsaison kann hier der Lärm der Einflugschneise und des nahen Flughafens lästig werden.

Sant Jordi de ses Salines

Rund 1 km landeinwärts vom Strand liegt der kleine Ort Sant Jordi (San Jorge), der eine aus dem 14.–16. Jh. stammende Wehrkirche besitzt; oben im Hauptaltar die Statue des Kirchenpatrons Georg mit dem Drachen.
3 km südwestlich von hier wurde der internationale Flughafen von Ibiza angelegt, dessen Passagieraufkommen jährlich bei etwa 1,6 Mio. (An- und Abflüge) liegt. In der Umgebung steht eine Anzahl alter Windräder.

## Ses Salines (Las Salinas) **D 3**

Salzgärten

Die Südspitze von Ibiza nimmt das Ses Salines ('Salinen') genannte flache Gebiet ein, in dem schon die Phöniker sogenannte Salzgärten (flache Verdunstungsbecken) angelegt haben. Die Verdunstungsbecken liegen geschützt zwischen der Serra Grossa (nördlich) und dem 160 m hohen, schütter bewaldeten Corpmari (südlich); die einstige schmalspurige Materialbahn ist längst stillgelegt.

Sa Canal

Die Verschiffung des Salzes erfolgt von dem kleinen Hafen La Canal ganz im Süden an der Cala Jach, wo ein Anlegesteg ins Meer hinausführt.

Sant Francesc de s'Estany

Zwischen den weiten Verdunstungsbecken der Salinen liegt das von Salzarbeitern bewohnte Kirchdorf Sant Francesc de s'Estany (San Francisco de Paula), dessen malerische kleine Kirche (18. Jh.) direkt an der Straße steht.

Bei der Kirche zweigt von der Asphaltstraße ein geschotterter Fahrweg ab, der zur rund 2 km entfernten Torre des Carregador führt. Dieser aus dem 16. Jh. stammende Wachtturm aus ockerfarbenem Naturstein steht auf einem felsigen Plateau direkt am Meer; von hier überblickt man die weiten Strände von Figueretes mit ihren großen Hotelblocks und die Oberstadt von Eivissa.

Platja des Cavallet

An der Küste gibt es in diesem Gebiet etliche schöne, flache Sandstrände. Eine Stichstraße führt an der Capella de la Revista vorüber an die Platja des Cavallet. An dem feinsandigen Strand gibt es einige einfache Restaurants; an der linken Buchtseite wird die ummauerte Oberstand von Eivissa sichtbar.

Platja Migjorn

Kurz vor Sa Canal erstreckt sich südöstlich die gleichfalls aus feinem, hellem Sand bestehende Platja Migjorn, wo am südlichen Horizont die Insel Formentera sichtbar wird.

◂ *Das Denkmal für den General Joaquim Vara de Rey beherrscht den beliebten Flanierboulevard*

*In den Salinen steht das Kirchlein Sant Francesc*

*Küstenlandschaft bei Es Cubells*

Im Westen der Halbinsel liegen die Platja Salines und jenseits des Flughafens die Platja Codolá.

Eivissa (Fortsetzung)

Talamanca

→ dort

## Es Cubells

D 2

Höhe: Meereshöhe

Lage

Der kleine Ort Es Cubells liegt weit im Südwesten von Ibiza an der Steilküste. Man erreicht ihn auf der kurvenreichen Straße von → Sant Josep de sa Talaia.

### Orts- und Landschaftsbild

Erhöht über der Bucht thront eine im 19. Jh. errichtete einstige Einsiedelei, in der heute ein Priesterseminar (Casa de Espiritualidad) untergebracht ist. Ein guter Blick über die stark gegliederte Küste bietet sich von der Klosterkirche Mare de Deu del Carme.

Cala Llentrisca

In der Umgebung befinden sich an der Küste einige reizvolle Badebuchten, die allerdings meist nicht ganz leicht zugänglich sind. Zu ihnen gehört die auf einer 3 km weit nach Süden führenden Fahrstraße erreichbare Cala Llentrisca am Ostfuß des gleichnamigen 413 m hohen Berges.

Vista Alegre

Unweit östlich liegt an der gleichen Bucht der einsame kleine Badestrand von Vista Alegre; die Zufahrtsstraße zweigt 2 km nördlich von Es Cubells nach Osten ab.

Porroig

Unweit südöstlich, allerdings nicht direkt, sondern nur auf einer 1,5 km östlich von Sant Josep von der Hauptstraße abzweigenden Strecke zu erreichen, liegt an der gleichnamigen Bucht der kleine Ort Porroig (Puerto Roig).

## Espalmador

E 4

Höhe: bis 5 m ü.d.M.
Keine regelmäßige Bootsverbindung

Lage

Espalmador ist mit 3 km Länge die größte Insel der Kette, welche von der Südspitze Ibizas (Punta de Portés) zur Nordspitze von Formentera (Trocadors) zieht. Die Insel ist Privatbesitz; Unterkunftsmöglichkeiten gibt es nicht.

Landschaftsbild

Espalmador ist flach und sandig. Die weitgeschwungene Bucht an der Südseite wird in der Saison von vielen Sportbooten als Naturhafen genutzt. Auch wird die Insel im Rahmen sogenannter 'Piratenfahrten', wie sie in großer Zahl für Touristen durchgeführt werden, angelaufen.

Bei gutem Wetter und ruhiger See kann man die Flachstelle zwischen Formentera (Trocadors) und Espalmador zu Fuß durchwaten.

## Es Pujols

→ Formentera

## Es Vedrá D 1

Höhe: bis 382 m ü.d.M.
Keine regelmäßige Bootsverbindung

*Lage und Landschaftsbild

Die Illa Es Vedrá, ein schroffer und völlig kahler Felsklotz von 382 m Höhe, ragt vor der Südwestspitze von Ibiza aus dem Meer auf; zwischen beiden liegt die kleine und flachere, aber gleichfalls sehr karge, hufeisenförmige Illa Vedranell. Auf der Illa Es Vedrá, die im 13. und 14. Jh. der Falkenzucht gedient hat und wo heute nur noch verwilderte Ziegen leben, gibt es ein Grottenheiligtum der punischen Fruchtbarkeitsgöttin Tanit. Auf der Westspitze der Insel steht ein Leuchtturm. Beide Inseln sind unbewohnt.

*Blick von Cala d'Hort auf die Illa Es Vedrá*

Nach der Überlieferung soll die Illa Es Vedrá der Geburtsort des karthagischen Feldherrn Hannibal sein, doch auch die Insel → Conillera nimmt dieses historische Faktum für sich in Anspruch; die offizielle Geschichtsschreibung gibt hierfür die nordafrikanische Stadt Karthago an.

## Formentera E–G 3–6

Inselfläche: 77 km²
Bewohnerzahl: 4000
Hauptort: San Francisco Javier

Allgemeines

Die Insel Formentera liegt südlich von Ibiza, durch den nur 4 km breiten, bis 9 m tiefen und meist stürmischen Meeresarm Els Freus von diesem getrennt, zwischen 30° 40' und 38° 49' nördlicher Breite sowie 1° 17' und 1° 28' östlicher Länge. Formentera, die zweitgrößte der Pityuseninseln, ist

Allgemeines (Fortsetzung)

noch ziemlich urwüchsig geblieben. Bei einer Fläche von rund 100 $km^2$, 23 km Länge und 1,7–17 km Breite gleicht ihre Gestalt einer westöstlich ausgerichteten Axt mit breiter Klinge und verstärktem Öhr. Zwei Blöcke ungefalteter Miozänkalke bilden die beiden Hauptteile der Insel: die Meseta de la Mola im Osten, mit dem Mola (oder Puig Pilar, 192 m) als höchster Erhebung, und der Puig Guillén (107 m) im Westen. Eine 5 km lange, schmale und dünenreiche Nehrung verbindet die beiden Bergstöcke. An ihrer sanften Südflanke dehnt sich geschützter, prächtiger Sandstrand, an der klippenreichen Nordseite dagegen überwiegend herber Felsstrand aus. Von der Nordspitze Formenteras leitet eine Kette kleinerer Eilande nach Ibiza hinüber. Die größten sind → Espalmador und, östlich etwas abseits, Espardell; beide können nur mit privaten Booten erreicht werden.

**Landschaftsbild

Das an Quellen arme Formentera ist großenteils von dürftiger Garrigue aus Zypressenwacholder, Aleppokiefer, Baumheide, Mastixstrauch und Cistrose überzogen. Allein die Höhen von Mola und Guillén tragen Waldstücke aus Aleppokiefer und Wacholder.
Das trocken-heiße Klima mit anhaltenden kräftigen Nordwinden begünstigt die Windwüchsigkeit und fördert die Versteppung.

Wirtschaft

Die rund 4000 Inselbewohner ('Formenterenses'), die – vielleicht infolge des anregenden Klimas – die höchste Lebenserwartung aller Spanier haben, siedeln in vier locker bebauten Gemeinden. Sie leben von bescheidenem Garten- und Ackerbau (Getreide, Kartoffeln, Feigen, Wein), Schaf- und Schweinezucht sowie Fischfang zur Deckung des Eigenbedarfes. Trockenmauern als Windschutz, mächtige von Holzsparren gestützte Feigenbäume und (heute meist motorbetriebene oder verfallende) Windmühlen prägen die Kulturlandschaft. Von Bedeutung ist die Salzgewinnung aus den großen Salinen im Norden.

In jüngerer Zeit hat der Fremdenverkehr erheblich zugenommen; eine untermeerische Trinkwasserleitung von Ibiza und stark erweiterte Hotelkapazitäten sollen dem wachsenden Zustrom an Badeurlaubern auch in Zukunft Rechnung tragen.

Inselgeschichte

Grabungsfunde aus der Bronzezeit belegen die Anwesenheit von Menschen auf Formentera seit dem 2. vorchristlichen Jahrtausend. Später nahmen Phöniker, Punier und Römer die Insel in Besitz. Der altgriechische Name 'Ophiusa' (= die Schlangenreiche) sowie der lateinische Name 'Frumentaria' (= die Getreidereiche) weisen auf das einstige Vorhandensein von Reptilien und auf besondere Bodenfruchtbarkeit hin. In der Tat erlaubten im Altertum überreiche Süßwasserreserven einen ertragreichen Ackerbau (besonders Weizen). Heute sind die Süßwasserquellen der Insel nahezu versiegt.
Den Römern folgten Byzantiner, Araber, Normannen und Katalanen als Herren. Gleichzeitig sah sich die kaum befestigte, nur an den exponiertesten Stellen geschützte Insel blutigen Piratenüberfällen aus Nordafrika ausgesetzt, die um das Jahr 1400 zu gänzlicher Entvölkerung führten. Aus jener Zeit stammen die Legenden, wonach in den zahlreichen Höhlen in den Steilwänden der West- und Ostküste Piratenschätze verborgen seien.
Als im späten 17. Jh. die Meere sicherer wurden, setzte eine Neubesiedlung Formenteras von Ibiza her ein. Als erster fester Ort entstand 1726 Sant Francesc de Formentera. Seither teilt Formentera die Geschicke der Schwesterinsel Ibiza.

## Inselrundfahrt (ca. 60 km)

Formentera bietet nur wenig Abwechslung. Es ist ein idealer Ferienplatz für Urlauber, die ursprüngliche Natur, wenig besuchte Strände und reines Wasser schätzen, aber dafür auch einfachere Unterkunft in Kauf zu nehmen bereit sind.

Inselrundfahrt (Fortsetzung)

Um Formentera kennenzulernen, reicht ein Tagesausflug von Ibiza im allgemeinen aus. Wer allerdings die Insel auch abseits der wenigen Fahrstraßen eingehender erkunden möchte, sollte mindestens eine Woche bleiben. Rechtzeitige Buchung der Unterkunft ist wegen des begrenzten Angebotes unbedingt ratsam. Ein gutes Standquartier ist die an der Südküste gelegene Urbanisation mit den Hotels Maryland und Club La Mola (s.S. 60).

Anreise

Die von Eivissa (Ibiza-Stadt) kommenden kleinen Fährschiffe und Expreßfähren legen nach einer Fahrt von einer Stunde bzw. 25 Minuten Dauer in dem kleinen Hafen La Savina an. Die Überfahrt ist in ihrem zweiten Teil – sobald die schützenden Landzungen querab liegen – meist ziemlich bewegt. In La Savina kann man Autos, Motorräder und -roller sowie Fahrräder (letztere für einen Tagesbesuch wenig empfehlenswert, aber ideal für einen längeren Aufenthalt) mieten.

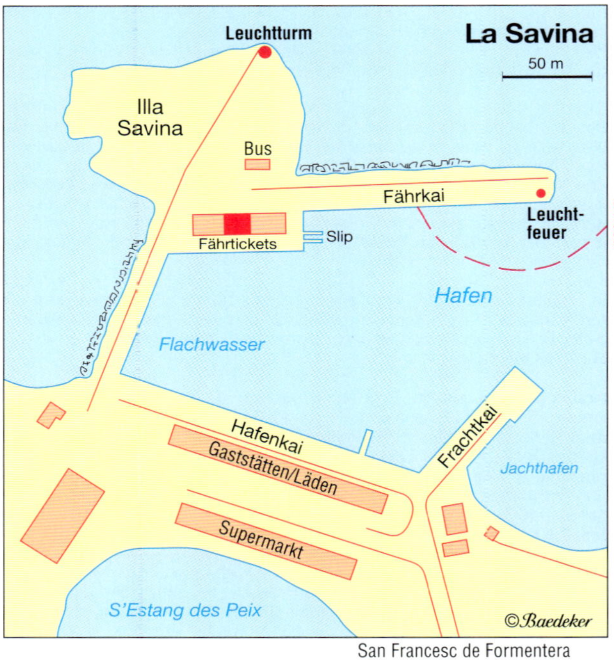


La Savina

La Savina ist der einzige Hafen auf Formentera. Hier werden auch die Handelsgüter der Insel verschifft. Der Ort besteht aus wenig mehr als den Hafengebäuden, Fahrzeugverleihfirmen und einigen Restaurants und Bars; nahebei befindet sich auch die einzige Tankstelle der Insel.

Estany del Peix

Westlich der kleinen Ortschaft liegt der fischreiche Estany del Peix ('Fischteich'), gemeinhin auch 'Laguna' genannt. Mit dem Meer steht er nur durch einen schmalen Durchbruch in der sandigen Nehrung in Verbindung. Schon im Altertum wurde hier Fischfang und -zucht betrieben. In Ortsnähe liegen zahlreiche flache Boote; dennoch ist die Lagune als Liegeplatz für Segelboote nicht sonderlich geeignet, denn es gibt in der flachen Gegend keinen Schutz vor dem Wind.

Östlich von La Savina erstreckt sich der wesentlich größere Estany Pudent ('stinkender Teich'), der nur durch einen ganz engen Kanal mit dem Meer verbunden ist und dessen brackiges Wasser mit seinem deutlichen Fäulnisgeruch ihm den Namen gegeben hat. Ein flacher und schmaler, sandiger Dünenrücken mit spärlichem Strauchbewuchs trennt den Strandsee von den weiten, fast weißen Sandstränden der Cala Savina, die nur gelegentlich von Felsen unterbrochen sind und an denen das glasklare Meer in allen Schattierungen von Türkis bis Violett spielt. Weithin ist der Sand mit glitzernden Salzkristallen durchsetzt.

Estany Pudent
*Cala Savina

Am Nordende des Estany Pudent liegen ausgedehnte Salinen. Durch stufenweises Verdunsten von Meerwasser wird hier seit dem 19. Jh. Salz gewonnen. Die einst dem Salztransport dienende Materialbahn wurde vor einigen Jahren stillgelegt. Im Norden läuft die Insel hier in einen langen, sandigen Sporn aus, der 'Trocadors' genannt wird. Er findet seine Fortsetzung in der auf halber Strecke zur Südspitze der Insel Ibiza gelegenen Insel → Espalmador. Die ausgezeichneten Strände zu beiden Seiten der Landzunge sind noch wenig überlaufen, die Zufahrten allerdings unbequem. Der Westküste vorgelagert sind die kleinen Inseln Rodona, Pouet und Tramuntana; hier liegt auch das bevorzugte Surfrevier der Halbinsel.

Die Straße umrundet das nördliche Ende des Estany Pudent und wendet sich dann nach Südosten in Richtung Es Pujols. Kurz vor der Ortschaft bemerkt man links der Straße einen Steinbruch, wie es auf Formentera deren mehrere gibt. An den glatten Wänden mit ihren Sägespuren kann man deutlich erkennen, wie hier die großen kubischen Blöcke aus dem weichen Gestein geschnitten werden. Der Naturstein von Formentera wird auch nach Ibiza geliefert, wo er als Baumaterial geschätzt ist.

Es Pujols

Es Pujols ist ein sehr stark vom Tourismus geprägter Ort mit einigen größeren Hotels (keine Hochhäuser). Südöstlich springt die Punta Prima ins Meer vor; der 1 km lange Strand ist gut geschützt, feinsandig und gelegentlich von Klippen durchsetzt. Hier bietet sich gute Gelegenheit zum Windsurfen (Klubs und Geräteverleih am Ort).

Sant Ferran des Roques

An der Landstraße folgt der bäuerliche Ort Sant Ferran des Roques (San Fernando) mit seiner kleinen Kirche aus goldbraunem Sandstein. Unmittelbar am südöstlichen Ortsausgang kommt man zur Cova d'en Xeroni, einer im Jahre 1975 entdeckten Tropfsteinhöhle. Heute ist sie für Besucher zugänglich und mit farbiger künstlicher Beleuchtung ausgestattet.

Bei Sant Ferran mündet die Strecke in die von Sant Francesc de Formentera kommende Inselhauptstraße ein, welche Formentera in seiner ganzen Länge durchzieht. Man folgt ihr in südöstlicher Richtung (nach 1 km links die Abzweigung einer Stichstraße zur Platja Migjorn; s.S. 61), zunächst auf der nahezu ebenen Landzunge, welche die beiden erhöhten Inselteile miteinander verbindet. Beiderseits der Straße liegen verstreut bäuerliche Anwesen und einzelne Häuser.

Platja Tramuntana

Die Straße nähert sich nun der nördlichen Küste, zu der sie dann parallel verläuft. Hier erstreckt sich die Platja Tramuntana, eine ziemlich steinige und daher eher zum Schnorcheln geeignete Strandregion.

Calo de Sant Agusti

Bei Calo de Sant Agusti steigt die Strecke an und führt – landschaftlich sehr reizvoll – teils durch schütteren Kiefernwald (Abzweigung zur Feriensiedlung Maryland; s.S. 60). Sobald man etwas Höhe gewonnen hat, genießt man herrliche Rückblicke auf das tiefer gelegene Land und die weiten Strände an der Nord- und Südküste.

Pilar de la Mola

Auf dem Hochplateau fährt man zunächst nördlich an dem 192 m hohen Berg Sa Mola (Puig de Nuestra Señora del Pilar; guter Rundblick) vorbei und erreicht dann den kleinen Ort Pilar de la Mola (Nuestra Señora del

*Die Kirche von Pilar de la Mola*

*Leuchtturm an der Punta de Sa Ruda*

Pilar de la Mola (Fortsetzung)

Pilar). Er besitzt eine hübsche weiße Wehrkirche, die ursprünglich aus dem 18. Jh. stammt und vor kurzem restauriert wurde. Gleich hinter dem Ort steht rechts im Feld eine sehr gut erhaltene Windmühle.

Punta de Sa Ruda

Die Straße führt weiter über das Hochplateau und endet nach 2 km am Faro de Formentera, einem 1861 erbauten Leuchtturm. Er steht direkt an der gut hundert Meter senkrecht abfallenden Steilküste und markiert die Ostspitze von Formentera, die Punta de Sa Ruda (auch Cap de la Mola). Wenige Schritte nördlich des Leuchtturms steht ein Gedenkstein für Jules Verne; er wurde im Jahre 1978, anläßlich des 150. Geburtstages dieses französischen Schriftstellers, enthüllt und trägt eine Bronzetafel mit seinem Porträt; die Darstellung des über der Insel schwebenden Kometen bezieht sich auf Vernes utopischen Roman "Reise durch das Sonnensystem", dessen Handlung davon ausgeht, daß ein an der Erde vorbeirasender Himmelskörper einen Teil des Mittelmeerraums, darunter auch die Insel Formentera, durch seine Anziehungskraft losgerissen und auf eine Umlaufbahn um die Sonne gebracht habe.

Maryland

Nun fährt man auf der beschriebenen Strecke zurück und wieder hinab zur Tiefebene, bis man zur Abzweigung der Stichstraße gelangt, die zu der weiträumigen Urbanisation Maryland (großes Hinweiszeichen) führt. Es handelt sich um eine riesige Anlage mit allen für den Tourismus wichtigen infrastrukturellen Anlagen (Tauch-, Windsurf- und Segelschule, Segelklub; hotel- bzw. clubeigene Schwimmbäder, Animationsprogramme, viele Tennisplätze; Supermärkte; Autoverleih u.a.). Die Bezeichnung 'Maryland' hat nichts mit dem US-Bundesstaat gleichen Namens zu tun; es handelt sich um ein Kunstwort aus dem Spanischen (Mar y . . . = Meer und . . .) und Englischen bzw. Deutschen, bedeutet also 'Meer und Land'.
Unterkunft findet man in der großen Apartmentanlage Maryland und im Iberotel Club La Mola (beide im Winter geschlossen); Vorbestellung ist dringend anzuraten.

Maryland (Fortsetzung)

Die Ferienanlage erstreckt sich bis unmittelbar an den ausgezeichneten Strand (Sand und flache Felsplatten); bei Wind aus südlichen Richtungen kann die anstehende Brandung allerdings für Schwimmer und Windsurfer gefährlich werden.

*Platja Migjorn

Westlich schließt sich an den Strand von Maryland die etwa 5 km lange und 30–40 m breite Platja Mitjorn ('Südstrand') an, die sich bis zur gleichnamigen Siedlung erstreckt. Einzelne Stichstraßen und Fahrwege führen von der Inselhauptstraße zum feinsandigen und geschützten Strand und den dortigen Ferienanlagen.

Platja Arenals

Die Platja Arenals ('Sandstrand') bildet die Fortsetzung des Strandstreifens an der Südküste. Die Dünenlandschaft ist noch relativ wenig überlaufen, die Gegend kaum durch Touristik-Einrichtungen beeinträchtigt.

Sant Francesc de Formentera

Auf der Hauptstraße erreicht man dann den Inselhaupt- und Verwaltungsort Sant Francesc de Formentera (San Francisco Javier). Im Zentrum steht die im Jahre 1738 erbaute schlichte Pfarrkirche; daneben die Biblioteca Municipal (Gemeindebücherei), gegenüber die Casa Consistorial. Im Ort findet man zahlreiche Restaurants, Boutiquen u.a.
Unweit südlich, rechts an der zum Cap de Barbaria (s. unten) führenden Straße, steht ein uralter, von einer Unzahl von Holzstangen gestützter Feigenbaum, den man als ältesten seiner Art auf den Balearen ansieht.

Cap de Barbaria

Das Cap de Barbaria (Cabo de Berbería, = Berberkap) ist der südlichste Punkt der Insel Formentera. Von Sant Francesc (s. zuvor) führt eine im letzten Abschnitt ziemlich schlechte Straße (9 km) zunächst durch teils schütter bewaldetes Hügelland, dann über die Plá del Rey, ein karges und verkarstetes, nur von spärlicher Garrigue bedecktes Plateau in rund 100 m Höhe über dem Meeresspiegel.

Auf dem Kap steht ein im Jahre 1971 neu errichteter Leuchtturm; unweit östlich ein alter Sarazenenturm, den man auf etwas beschwerlichem, steinigem Fußpfad in etwa 15 Minuten erreichen kann. Die Mauern sind durch den von beständigem Wind mitgeführten Flugsand stark erodiert.

Cala Sahona

Etwa 2,5 km südlich von Sant Francesc zweigt von der zum Kap führenden Straße rechts (westlich) eine Nebenstrecke ab. Sie führt zur 3 km entfernten Cala Sahona, einer sandigen Klippenbucht an der steil abfallenden Westküste. Hier befindet sich eine einfache kleine Feriensiedlung.

Von San Francisco Javier fährt man auf gerader Strecke, im letzten Teil nahe am Estany del Peix (s.S. 58) hin, zurück nach La Savina und zum Hafen.

## **Ibiza** (Stadt)

→ Eivissa

## **Illa . . .** (Isla . . .)

→ Hauptnamen

## **La Savina**

→ Formentera

## Portinatx

→ Sant Joan de Labritja

## Punta de sa Ruda

→ Formentera

## **Santa Agnes de Corona** (Santa Inés) B 2–3

Höhe: 189 m ü.d.M.

Lage und Ortsbild

Santa Agnes de Corona ist ein kleines Kirchdorf nahe der ibizenkischen Nordwestküste, unweit nördlich von Sant Antoni de Portmany. Die wenigen Häuser gruppieren sich um die im Spätbarock entstandene kleine Kirche, die eine Rosenkranzmadonna aus dem 19. Jh. birgt.

Gegenüber, in einem arkadengeschmückten Haus, befindet sich das altbekannte Restaurant "Can Cosmi".

Landschaftlich lohnend ist die Fahrt auf schmaler Straße durch intensiv landwirtschaftlich genutztes, liebliches Hügelland nach → Sant Mateu; an der Route stehen einige charakteristische Bauerngehöfte in kubischer Form.

Cova de Santa Agnes

→ Sant Antoni de Portmany

*Bauernhof bei Santa Agnes*

## Santa Eulària des Riu (Santa Eulalia del Río) C 5

Höhe: Meereshöhe

Lage

Santa Eulària des Riu, der drittgrößte Ort auf Ibiza, liegt an der Südostküste, etwa 15 km nordöstlich der Inselhauptstadt Eivissa.

Allgemeines

In arabischer Zeit wurde der Ort Xarc genannt. Santa Eulària des Riu ist Verwaltungssitz des gleichnamigen Gemeindebezirkes, der insgesamt rund 12 000 Einwohner zählt, und zugleich Schwerpunkt der touristisch gut erschlossenen Ostküste Ibizas. Santa Eulària liegt am gleichnamigen Fluß, dem einzigen der Insel, der mit einiger Regelmäßigkeit Wasser führt.

Die günstige Lage inmitten der 'Plá de Vila' genannten fruchtbaren Ebene ließ hier schon in römischer Zeit eine ländliche Siedlung erblühen, zumal die Gegend nach Norden durch die Höhenzüge der Serra de la Mala Costa und des 410 m hohen Furnás geschützt sowie durch den Fluß damals noch ungewöhnlich reich und kontinuierlich mit Wasser versorgt wurde. Heute ist der Grundwasserspiegel durch den wegen des Tourismus stark gestiegenen Wasserverbrauch erheblich gesunken und das Flußbett häufig trocken. Auch heute noch ist Santa Eulària von den bedeutendsten Gartenkulturen der Insel umgeben. Der Ort erstreckt sich bis zum Meeresufer; leider sind die nahen Strandpartien häufig durch Tang verschmutzt.

### *Stadtbild

Museu Etnologic

An der Flanke des Puig de Missa, knapp unterhalb der Kirche, steht ein schönes weißes Gebäude im klassischen Inselstil, welches das 1994 eröffnete ethnologische Museum der Pityusen beherbergt.

*Ein alter Wehrturm bildet die Kirchenapsis*

Puig de Missa

Die einfachen kubischen Häuser des alten Ortskerns gruppieren sich lokker um den Puig de Missa (66 m), dessen Anhöhe von einer Einbahnschleife umzogen ist und die weithin sichtbare Kirche Santa Eulària trägt. Sie entstand im 14. Jh. auf den Grundmauern einer arabischen Moschee und wurde 1568 von Calví, dem Erbauer der Stadtfestung von Eivissa, erweitert und umwehrt; die Kirchenapsis wird von einem halbrunden Wachturm gebildet. Im Innern steht ein mächtiger Altar in schweren Barockformen.

Museu Barrau

Nahe bei der Kirche zeigt ein kleines Museum Andenken und Werke des katalanischen Malers Laureano Barrau (1863–1957), der hier lange Zeit lebte und arbeitete.

Römischer Viadukt
Ca'n Fita

An der südwestlichen Stadtausfahrt, unterhalb der neuzeitlichen Straßenbrücke, steht ein gut erhaltener römischer Viadukt, der den Riu de Santa Eulària überspannt; bei der Mündung des Flusses die römische Nekropole von Ca'n Fita. Vom Strand gibt es am Flußbett entlang eine hübsche Promenade zur Römerbrücke; die dichten Schilfbestände sind ein ideales Biotop für allerlei Wasservögel (Kormorane u.a.).

Neustadt

Nordöstlich unterhalb des Puig de Missa dehnen sich die schlichten Neubauten der modernen Ansiedlung Sa Vila aus. In ihrem Zentrum, an der den breiten Paseo nordwestlich fortsetzenden Plaça de Espanya, steht das Ayuntamiento (Rathaus); davor ein Monolith, die Dankgabe für die geglückte Rettung von Passagieren und Besatzung des 1913 vor Ibiza gesunkenen Dampfschiffs "Mallorca".

## Platjes de Santa Eulària (Südseite) C 5

Cala Llonga

Im Süden von Santa Eulària liegen die Ferienkolonien Sa Siesta und Cala Llonga mit gutem Strand um eine tiefe Sandbucht.

*Der Miniatur-Fischerhafen von Es Caná*

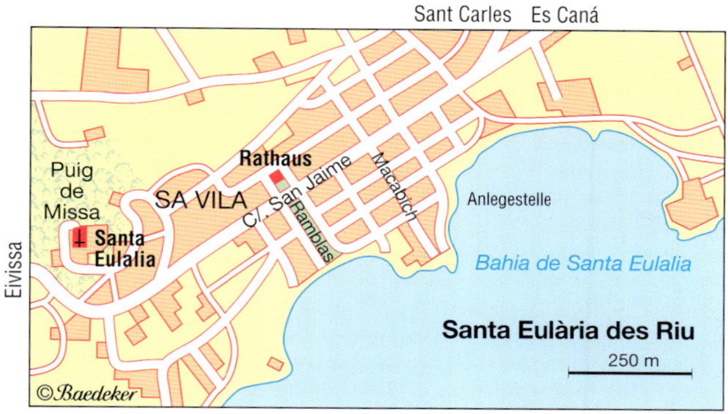


Nahebei befindet sich die luxuriöse, zum überwiegenden Teil von Briten frequentierte Urbanisation Roca Llisa, die sich mit Golfplätzen und weit verstreuter Bebauung über den Felsrücken des Puig d'en Vich zur steilen Küste hinabzieht. Der Strand in diesem Bereich ist felsig.

*Roca Llisa

Südwestlich landeinwärts, etwa 3 km von Roca Llisa, wurde unweit oberhalb der Landstraße nach Eivissa das Urbanisationsareal Ca'n Furnet erschlossen.

Ca'n Furnet

## Platjas de Santa Eulària (Nordseite) C 5

Entlang der Küste nordöstlich von Santa Eulària erreicht man die Hotelsiedlungen S'Argamassa und Es Caná, die in den Zeiten der Hippie-Bewegung besonders beliebt waren. Hier gibt es gute Sandstrände; von dem kleinen Hafen werden Exkursionen in Glasbodenbooten durchgeführt. Vorgelagert ist die kleine Illa de Caná.
Originell ist der ganz kleine Fischerhafen, der den Strand von Es Cana abschließt.

S'Argamassa
Es Caná

Auch an der Punta Arabí gibt es eine Hotelkolonie, der Felsstrand der Landspitze bietet gute Voraussetzungen für den Unterwassersport. Südlich des Kaps liegen zwei kleine Inseln: Illa de Santa Eulària und Illa Redonda. Wo die Verlandungsebene ans Meer reicht, breitet sich ein weiter, flacher Sandstrand aus. In Punta Arabí wird am Mittwoch ein Hippiemarkt abgehalten.

Punta Arabí

## Sant Carles de Peralta (San Carlos) B 5

Lage
7 km nördlich von Santa Eulària

Auch der malerische Weiler Sant Carles de Peralta und seine Umgebung wurden seinerzeit von den Hippies bevorzugt, und auch heute noch leben hier Anhänger jener Bewegung aus den sechziger und frühen siebziger Jahren. Sehr hübsch ist die schlichte weiße Kirche (18. Jh.), an deren Vorhalle links eine jener typischen, im höchsten Maße stilisierten Golgatha-Gruppen zu sehen ist. Bei Sant Carles gibt es Vorkommen von Silber- und Bleierz, die in punisch-römischer Zeit bergmännisch abgebaut wurden, aber heute ohne wirtschaftliche Bedeutung sind.

Strände

In dem Gebiet östlich von Sant Carles, das durch Spazier- und Wanderwege erschlossen ist, gibt es zahlreiche schöne Sandbuchten sowie eine von Sporttauchern geschätzte Felsküste. Zu nennen sind Cala Nova (4 km),

Baedeker Special

# Das Erbe der Blumenkinder

Meist waren es Sprößlinge der Mittel- und Oberschicht, die sich zu Anfang der sechziger Jahre vom saturierten Materialismus der Elterngeneration abwandten. Leistungsdruck, Konsumzwänge und die Maximen der bürgerlichen Wohlanständigkeit wollte man nicht länger als Naturgesetze hinnehmen. Hinzu kam ein nicht zuletzt von dem Harvard-Psychologieprofessor Timothy Leary getragener Drogenkult, der sich insbesondere um das angeblich bewußtseinserweiternde ('psychedelische') synthetische Rauschmittel Lysergsäurediäthylamid (LSD) rankte. Aus alledem entstand ein Lebensstil (eine 'Subkultur'), für den in einer hochzivilisierten Umwelt kaum Platz war.

In jener Zeit entdeckten die 'Blumenkinder' die Pityusen, die damals noch wenig bekannt waren. Die freundlich-distanzierten Ibicencos tolerierten das bunte Völkchen, das hier in einer zwang- und gewaltfreien, enttabuisierten und harmonischen Gemeinschaft zu leben gedachte. Bildende und darstellende Künstler kamen auf die Insel, und die inzwischen zu weltweitem Remommee gelangte Adlib-Mode (vom lateinischen 'ad libitum'= 'nach Gefallen') hat gleichfalls in jenen ungemein kreativen Jahren ihren Ursprung.

Es verwundert nicht, daß die liberale Atmosphäre mit der Zeit auch andere junge (und auch nicht ganz junge) Leute anzog, die mit der weltanschaulichen Basis der Hippie-Bewegung wenig im Sinn hatten. So verwandelte sich der einst erstrebte Paradiesgarten langsam in ein Parkett der internationalen Schickeria; Bars und Discos wurden aus dem Boden gestampft, und es wurde laut.

Die Blumenkinder sind inzwischen in die Jahre gekommen und ruhiger geworden. Mit dem neuen Flair der Insel wollen die meisten nicht sonderlich viel zu tun haben, wenn auch die Hippie-Märkte nach wie vor eine berühmte Attraktion sind. Aber man hat sich stärker in das Hinterland zurückgezogen und beobachtet das hektische Treiben mit Gelassenheit.

Cala Llenya (5 km), Cala Mastella (5 km) mit den Urbanisationen Ca'n Jordi (4 km) und Cala Boix (6 km), ferner die langgestreckte Platja Figueral (3 km).

Santa Eulària (Fortsetzung)

Eine landschaftlich imposante Straße verbindet Sant Carles mit dem nördlich gelegenen Seebad → Sant Vicent de la Cala.

Sa Talaia de Sant Carles

Östlich vom Ort erhebt sich der 230 m hohe Talaia de Sant Carles. Ein Fahrweg führt an seiner Nordflanke entlang, teilt sich dann und endet jenseits der felsigen Bucht Pou des Lleó bei der Punta de Valls bzw. dem Cap Roig, den beiden östlichsten Punkten von Ibiza. Vorgelagert ist die Insel → Tagomago.

## **Santa Gertrudis de Fruitera** (Santa Gertrudis) C 4

Höhe: 140 m ü.d.M.

Lage und Ortsbild

Das Dorf Santa Gertrudis de la Fruitera liegt ziemlich genau im geographischen Zentrum von Ibiza. Die kleine Pfarrkirche ist ein Bau aus dem 18. Jahrhundert.

In jüngster Zeit scheint sich Santa Gertrudis zu einer Art Prominententreff zu entwickeln. Erste Anzeichen für diese Tendenz sind die mit einem Hauch von Exklusivität behafteten Boutiquen, die hier eröffnet worden sind.

## **Sant Agusti** (San Agustín) C 2

Höhe: 118 m ü.d.M.

Lage

Der kleine Ort Sant Agusti liegt im Westen der Insel Ibiza, etwas abseits der von Sant Josep de sa Talaia nach Sant Antoni de Portmany führenden Straße. Er gruppiert sich um die auf einer Hügelkuppe stehende kleine Kirche, die zu Beginn des 19. Jh.s erbaut wurde. Etwas tiefer steht ein in maurischen Formen errichtetes stattliches Gebäude mit blauen Dächern, das die deutsche Schule (Colegio Alemán) beherbergt.

Ortsbild

Sant Agusti gruppiert sich um die hübsche weiße Kirche, die den Ort beherrscht. Es gibt auch alte Wachttürme.

Port des Torrent

Bei Sant Agusti zweigt von der Straße Sant Josep – Sant Antoni eine Nebenstrecke ab, die zu den westlich an der Badia de Sant Antoni gelegenen Strandsiedlungen und weitläufigen Urbanisationen mit ihrer engmaschigen touristischen Infrastruktur führt. Zunächst erreicht man den rechts abseits gelegenen Port des Torrent mit geschützter Bucht.

*Cala Bassa

Unweit westlich erreicht man auf einem schmalen und nicht sonderlich gepflegten Fahrweg die Cala Bassa, eine weite, reizvolle Sandbucht mit vom Seewind gebeugten Kiefern und gutem feinsandigem Badestrand, deren Ostseite von einem bizarr erodierten Felsriegel geschützt wird.

Punta de sa Torre

Nordwestlich der Cala Bassa bildet die nur zu Fuß erreichbare Punta de sa Torre d'en Rovira den Abschluß der Badia de Sant Antoni. Auf diesem Kap steht ein Wehrturm, von dem sich eine gute Sicht bietet.

Schmale Fahrwege führen von der Cala Bassa zur Westküste, wo man z. B. von der überwiegend felsigen Cala Comte einen schönen Blick auf die vorgelagerten Inseln (Illa Conillera, Illa Bosque, Illa de Esparto) hat.

*Bizarr erodierte Felsen an der Cala Bassa*

*Blick auf die Cala Tarida*

Sant Agusti (Fortsetzung), Cala Corral Cala Tarida

Die von Sant Agusti kommende Straße führt weiter nach Westen bzw. Südwesten und erreicht die Badestrände Cala Corral (weiter nördlich die Strände Cala Codola und Cala Conta), Cala Tarida (Felsen mit Sandbuchten, Wald) und Cala Molí (Felsküste, Wald).
Man kann weiter in südlicher Richtung auf einer guten und aussichtsreichen Straße hoch an der Küste entlang und nach Cala Vedella (→ Sant Josep de sa Talaia) fahren.

## **Sant Antoni de Portmany** (San Antonio Abad) C 2

Höhe: Meereshöhe
Einwohnerzahl: 9000

Lage

Der Hafenort Sant Antoni de Portmany liegt an der Badia de Portmany, einer tief in die Westküste von Ibiza eingreifenden Bucht. Nördlich wird der Ort von dem 276 m hohen Berg Juanot überragt.

Allgemeines

Sant Antoni de Portmany ist Verwaltungssitz des gleichnamigen Gemeindebezirkes und heute der zweitgrößte Ort der Insel Ibiza. Zur Gemeinde gehören auch die Pfarrdörfer → Sant Rafel de Forca, → Santa Agnes und → Sant Mateu d'Aubarca.

Der Ortskern liegt an der Nordostseite der weiten, zwischen dem Cap Negret (nördlich) und der Punta de Sa Torre d'en Rovira (südwestlich; → Sant Agusti) von Nordwesten eingreifenden Bucht, die schon den Römern als 'Portus Magnus' ('Großer Hafen') diente; von der lateinischen Bezeichnung leitet sich der ibizenkische Name 'Portmany' ab. Wenngleich der Hafen heute den der Stadt Eivissa (Ibiza) sowohl an Ausdehnung als auch an Kailänge übertrifft, so ist er doch jenem wegen des geringen Schutzes, insbesondere gegen Winde aus nordwestlichen Richtungen, an Bedeutung unterlegen.

### Ortsbild

Aus dem einstigen Fischerdorf ist ein lebhaft-geräuschvoller, aufstrebender Touristenplatz geworden, der überwiegend neuzeitliche Bebauung (viele Hochhäuser) zeigt und in dessen Nähe es flache, kindergerechte Badestrände gibt (doch ist die Wasserqualität in Hafennähe beeinträchtigt). Die großen Hotels und Ferienanlagen befinden sich zum weit überwiegenden Teil an der Südseite der Bucht.

Passeig de ses Fonts

In innersten Winkel der Bucht erstreckt sich entlang dem Passeig de ses Fonts und dem Passeig de la Mar eine jüngst modernisierte, palmenbestandene Strandpromenade mit Wasserspielen, Straßencafés, Taxistand und dem Aukskunftskiosk der Tourismus-Information; vom Hafen laufen Ausflugs- und Glasbodenboote (u.a. zum Aquarium, s.S. 70) aus; in seinem äußersten westlichen Teil, am Moll Nou ('Neue Mole'), legen die nach Denia und Alicante auf dem spanischen Festland verkehrenden Fähren an.
Auf dem Rondell, das die Promenade östlich abschließt, steht das von einem Keramikkünstler aus Sant Rafel gestaltete "Ei des Kolumbus", in dessen Innerem die Karavelle "Santa Maria" nachgebildet ist. An der Nordseite des Platzes stehen das Rathaus und das Postamt. Zu beiden Seiten dieses Gebäudeblocks verlaufen der Carrer del Bisbe Cardona bzw. Carrer del Bisbe Torres in nördlicher Richtung zur Plaça de la Esglesia (Kirchplatz).

Pfarrkirche

Am Kirchplatz, auf dem 28 m über dem Meeresniveau gelegenen Hügel, steht die weißgekalkte Pfarrkirche Sant Antoni Abat; der Orts- und Kirchenpatron (251–356) ist einer der am höchsten verehrten Heiligen der Ba-

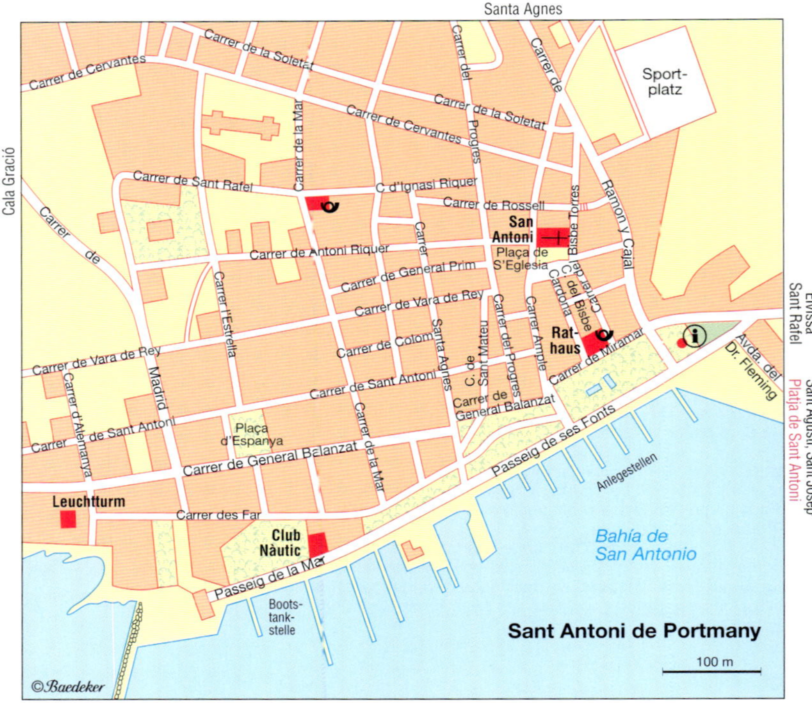


**Pfarrkirche (Fortsetzung)**

learen und im deutschen Sprachraum als Antonius der Große bekannt. Die Kirche wurde im 14. Jh. auf den Resten einer Moschee errichtet, wehrhaft ausgebaut und war bis ins 19. Jh. mit Kanonen bestückt.
Links vom Kirchereingang, in der kleinen Vorhalle, an der Mauer ein Majolikabild mit der Darstellung der hl. Maria als Himmelskönigin.

Unweit westlich des Orts wurde in den Jahren 1906/1907 ein Friedhof aus byzantinischer Zeit freigelegt. Die dort gemachten Funde sind jetzt im Archäologischen Museum der Stadt → Eivissa untergebracht.

**Cala Grassió Aquarium**

Von der Stadtmitte folgt man zunächst der nach Santa Agnes führenden Straße, von der nach ungefähr 2 km links die Zufahrt zur Cala Grassió abzweigt. Diese Straße endet an einem kleinen Rondell, von dem wenige Stufen zu der ganz schmalen, von Felsen eingefaßten Bucht führen.
Kurz zuvor kann man auf einem 200 m langen Fußweg (schöner Blick zur Illa Conillera) zum Aquarium gelangen, das eine natürliche Höhle in der Steilküste nutzt. Bequemer ist es allerdings, den Besuch mit einer vom Hafen ausgehenden Fahrt im Glasbodenboot zu verbinden, da dann die beschwerliche Suche nach einem Parkplatz in der Nähe des Aquariums entfällt.

**Esglesia de Santa Agnes**

Rund 2 km nördlich von Sant Antoni de Portmany liegt die Höhlenkirche Santa Agnes. Die Grotte wurde im Jahr 1907 gründlich erforscht, wobei

*'Ei des Kolumbus' am Hafen von Sant Antoni de Portmany* ▶

*Fischerhafen von Sant Antoni de Portmany*

Höhlenkirche St. Agnes (Fortsetzung)

einige Keramikreste und arabische Waffen gefunden sowie eine katakombenartige Kapelle entdeckt wurden. Wie die Legende berichtet, soll man hier im 16. Jh. ein hölzernes Bildnis der Heiligen gefunden und in die Kirche von Sant Antoni de Portmany gebracht haben, von wo es aber jedesmal an seinen angestammten Platz in der Höhlenkirche zurückgekehrt sei (eine ähnliche Legende erzählt man sich auch vom Kloster Lluch auf Mallorca).

Nahebei steht die profanierte oberirdische St.-Agnes-Kapelle, bei der sich ein kleines Restaurant befindet.

Punta Galera Cova de ses Fontanelles

Etwa 2 km hinter der Höhlenkirche zweigt links die Zufahrt zum Cap Nonó und zur Cova de ses Fontanelles ab. Die Stichstraße führt zunächst abwärts in Richtung Punta Galera, einer gut gestalteten privaten Ferienanlage mit schönen Villen. Zuvor zweigt bei der Urbanisation Loma Pinar die Straße zur Cala Salada ab, einer gut geschützten, überwiegend felsigen kleinen Bucht. Nahe beim Ende der Straße zieht ein steiler Schotterweg bergauf (viele Querrinnen!) und endet nach 3 km an der schroff abfallenden Felsküste (schöner Blick). Das letzte Stück zur Cova de ses Fontanelles, die sich am Fuß einer steil aufragenden Felswand öffnet, muß zu Fuß zurückgelegt. Vom vergitterten Eingang kann man die Rekonstruktionen bronzezeitlicher Felsbilder sehen.

## Badia de Sant Antoni C 2

Zu beiden Seiten des Ortes reihen sich um die Bucht (Badia de Sant Antoni) zahlreiche kleinere, teils sehr reizvolle Badebuchten, die heute fast ausnahmslos für den Fremdenverkehr erschlossen sind. Insbesondere die bis zur Cala Bassa reichende Südflanke der Bucht ist in der Sommersaison eine äußerst turbulente Tourismusregion; umfassender Blick auf die Skyline von Sant Antoni.

Am nordwestlichen Rand der Ortsbebauung liegt die waldumstandene Cala Gració mit kleinem Sandstrand.

Badia de Sant Antoni, Cala Gració

Die Badestrände an der Südseite der Bucht sind bei → Sant Agusti beschrieben.

## **Sant Carles** (San Carlos)

→ Santa Eulària des Ríu

## **Sant Francesc de l'Estany**

→ Eivissa, Ses Salines

## **Sant Francesc de Formentera** (San Francisco Javier)

→ Formentera

## **Sant Joan de Labritja** (San Juan Bautista) B 5

Höhe: 196 m ü.d.M.
Einwohnerzahl: 3000

*Glockenstuhl von Sant Joan*

Lage

Sant Joan de Labritja, der Hauptort des gleichnamigen Gemeindebezirks, liegt weit im Norden der Insel Ibiza an der zu dem Küstenort Portinatx führenden Überlandstraße.

Orts- und Landschaftsbild

Sitz der Gemeindeverwaltung ist Sant Joan de Labritja, eine ländliche Ansiedlung rund 22 km nordöstlich der Stadt Eivissa. Der Ort liegt an der Nordwestflanke der Serra de la Mala Costa. Den höchsten Punkt des Ortes, den 196 m hohen Puig de Missa, nimmt die schlichte, Johannes dem Täufer geweihte Pfarrkirche (Sant Joan Baptista) ein, die im 18. Jh. errichtet und später mehrmals umgebaut worden ist. An das Kirchenschiff ist eine runde Taufkapelle angefügt, deren kuppelförmiges Dach das Gebäude überragt. Nahebei auch das Rathaus und der Friedhof.

*Felsküste bei Portinatx*

Vista Alegre

Unmittelbar bei der Kirche befindet sich das hübsche Restaurant Vista Alegre.

Die fruchtbaren, an Grundwasser reichen Talschaften gestatten rege Landwirtschaft; erzeugt werden vor allem Mandeln, Oliven, Wein und Honig.

*Furnás

Bei gutem Wetter lohnt die Ersteigung des 410 m hohen Berges Furnás, südöstlich von Sant Joan Baptista. Der Aufstieg dauert etwa 2–2½ Stunden, bei klarer Sicht reicht der Blick vom Gipfel bis nach Mallorca und zum spanischen Festland.

## Portinatx A 5

Lage
8 km nördlich

Die von Sant Joan de Labritja in nördlicher Richtung weiterführende Straße erreicht nach knapp 4 km die großenteils felsige gelbliche Küste, die hier etliche schöne Buchten aufweist.

*Cala Xarraca

Die erste Bucht an der Strecke nach Portinatx ist die weite, sandige Cala Xarraca. Vor der Küste ragen einige Felsklippen aus dem Wasser; im Westen begrenzt die Punta Xarraca, im Osten die Punta Mares die geschützte Bucht. Im Hinterland breiten sich Kieferngehölze aus.
Die Straße führt, streckenweise hoch über dem Wasser, weiter höchst malerisch an der stark gegliederten Küste hin.

Sa Torre

Etwas abseits folgt links der Straße die Feriensiedlung Sa Torre, ein weiter, großzügiger Komplex mit Apartments, vielseitigen Sportmöglichkeiten, Tennisplätzen, Fahrradverleih u.a.

Punta Mares

Ein geschotterter Fahrweg führt auf das Vorgebirge Punta Mares hinaus, welches die Cala Xarraca von der östlich folgenden Cala Portinatx trennt.

Sant Joan (Fortsetzung)

Hier steht im Gehölz ein alter Wachtturm; von der Landspitze genießt man einen ausgezeichneten Blick über die sich zu beiden Seiten erstreckende Küstenlinie.

S'Arenal Petit
S'Arenal Gran

Die beiden schönen, aber recht kleinen Sandstrände gehören bereits zum Bereich der Cala Portinatx. Allenthalben gibt es Windsurfschulen, teils auch Segelmöglichkeit. Die touristische Infrastruktur fügt sich vergleichsweise unauffällig in das Landschaftsbild ein.

Portinatx

Die Siedlung Portinatx wurde seit der Landung König Alfonsos XIII. an dieser Stelle im Jahre 1929 auch Portinatx del Rey genannt.
Der von Touristen stark frequentierte Strand von Portinatx liegt geschützt in einem Halbrund bewaldeter Höhen. Er ist nicht sehr groß, aber für Kinder gut geeignet, da der Grund recht flach abfällt. Im Osten schiebt sich die Punta Galera ins Meer vor. Sonntags findet in Portinatx ein Hippiemarkt statt.

**Platja Es Port

Den östlichsten Teil der Cala Portinatx bildet die Platja Es Port, an welcher die Straße endet. Die schmale, hervorragend geschützte Bucht ist ein guter Naturhafen; Sandstrand ist nur im innersten Teil zu finden. Die felsigen Küstenformationen der näheren Umgebung bilden ein ausgezeichnetes Tauchrevier; Schule im Hafenbereich. Gegen das offene Meer ist die Bucht durch einen langgestreckten, stark erodierten hellen Felsriegel abgeschirmt, an dessen Außenseite meist eine kräftige Brandung ansteht.

Cala Sant Vicent

→ Sant Vicent de la Cala

## **Sant Josep de sa Talaia** (San José) C 2

Höhe: 216 m ü.d.M.
Einwohnerzahl: 1000

Lage

Sant Josep de sa Talaia, der Hauptort des gleichnamigen Gemeindebezirks, liegt im bergigeren Südwestteil von Ibiza und 12 km westlich der Inselhauptstadt Eivissa.

### Orts- und Landschaftsbild

Das Gebiet von Sant Josep de sa Talaia, in dem schon in alter Zeit die Salzgewinnung Wohlstand gebracht hat, zeigt große landschaftliche Vielfalt. Hier liegen sowohl die höchste Erhebung, der 476 m hohe Talaia de Sant Josep (Atalayasa de San José), als auch der 0,70 m unter Normalnull gelegene tiefste Punkt der Insel (im Gebiet von Ses Salines).
Malerische, steilfelsige Küstenstriche im Westen und breite, feinsandige Strände im Süden haben den Aufbau einer bedeutenden touristischen Infrastruktur begünstigt. Auch die wirtschaftlich noch immer recht bedeutenden Salzgärten (→ Eivissa, Ses Salines) und der internationale Flughafen liegen auf Gemeindegebiet.

Sant Josep

Der Gemeindehauptort Sant Josep, recht bescheiden, aber dennoch der wohl wichtigste Siedlungsschwerpunkt im Inselinnern, liegt an einer einst strategisch wichtigen Stelle im Hügelland. Er wird heute vor allem wegen seiner folkloristischen Darbietungen gerne besucht.

Kirche

Direkt an der Durchgangsstraße steht die glattflächige, weiß verputzte Kirche (an der Fassade eine Sonnenuhr) aus dem 18. Jahrhundert. An der rechten Seite der Vorhalle bemerkt man ein Detail, das als Charakteristikum an fast allen ibizenkischen Kirchen wiederkehrt: eine stark stilisierte Golgatha-Gruppe, die nur noch aus drei Kreuzen besteht. Im einschiffigen

*Wehrkirche in Sant Josep*

*Panoramablick vom Talaia de Sant Josep*

Inneren der Kirche (geöffnet Mo. bis Sa. 9–13 Uhr) befindet sich ein nach barocken Mustern gestalteter Hauptaltar.

Kirche (Fortsetzung)

Zum Gemeindegebiet gehören ferner die Pfarrdörfer Sant Jordi (San Jorge; → Eivissa) und in den Salinen Sant Francesc de ses Salines (San Francisco de Paula; → Eivissa, Ses Salines).

## Auf den Talaia de Sant Josep

Zufahrt

Am westlichen Ortsrand von Sant Josep folgt man der links von der Straße nach Sant Antoni de Portmany abzweigenden Nebenstrecke in Richtung Cala Vedella. Beim Wegweiser "Sa Talaia" zweigt links ein rund 5 km langer, geschotterter Fahrweg ab, der in mäßiger Steigung durch Brachland und Kieferngehölze zum Gipfel des Talaia de Sant Josep führt.

**Rundblick

Auf dem bewaldeten Vorgipfel steht eine Sendestation; dahinter führt die Straße auf einem schmalen Grat zum Hauptgipfel, der eine zweite Sendestation trägt. Von hier bietet sich ein grandioser Rundblick.

## Umgebung von Sant Josep de sa Talaia

Von Sant Josep de sa Talaia führt eine gut ausgebaute Straße nach Süden zu dem Küstenort → Es Cubells.

Cova Santa

Etwa 6 km südöstlich von Sant Josep, unweit abseits der Hauptstraße nach Eivissa (Ibiza-Stadt), erreicht man die Cova Santa ('Heilige Höhle'). Diese kleine, nur 25 m tiefe Tropfsteinhöhle ist mit elektrischer Beleuchtung ausgestattet und für Besucher zugänglich; hier gibt es auch eine kleine Diskothek.

Sa Caleta

Wenn man weiter der an der Cova Santa vorbeiführenden Nebenstraße folgt, erreicht man nach etwa 4 km einen rechts abzweigenden unbefestigten Fahrweg, an dem nach wenigen hundert Metern links ein einfaches Restaurant steht; rechts durchschreitet man eine schmale Lücke in den roten Konglomeratfelsen und steht an der schönen, feinsandigen kleinen Bucht Sa Caleta.

Phönikersiedlung

Nun wird der Fahrweg schmäler und steiniger; er endet oben an der Steilküste, wo sich hinter einem Gitter die Fundamente einer Phönikersiedlung ('Poblat Fenici') aus dem 7. vorchristlichen Jahrhundert befinden; zu sehen sind die Grundmauern von neun Gebäuden.

*Cala Vedella

Eine ziemlich kurvenreiche, aber gut ausgebaute und sehr malerische Straße führt von Sant Josep, großenteils durch Wald, über den Coll de Sa Creu (243 m) und hinab zu der modernen Feriensiedlung Cala Vedella. Die reizvolle Bucht mit ihrem Sandstrand ist zwischen schützende Felsen gebettet, die vor allem für Schnorchler und Tauchsportler ein schönes Revier bilden. In Strandnähe stehen Hotels; an den Hängen landeinwärts ziehen sich Ferienhäuser hinan.

Cala d'Hort

Vor Cala Vedella zweigt von der genannten Straße rechts eine Fahrstraße zu dem 3 km entfernten Küstenort Cala d'Hort ab, der einen prachtvollen, feinsandigen Strand besitzt. Die rechte Seite der Bucht wird von ockerfarbenen, stark erodierten Konglomeratformationen begrenzt. Nach Südwesten öffnet sich ein eindrucksvoller Blick zur Insel → Es Vedrá und der zwischen dieser und dem Hauptland liegenden Illa Vedranell (beste Beleuchtung am späteren Nachmittag). Ein noch besserer Blick auf diese Inseln bietet sich von der Hochfläche, die sich kurz oberhalb der Bucht erstreckt und von Spazierwegen durchzogen ist.

Ses Paises de Cala d'Hort

Südlich von Cala d'Hort kann man direkt neben der in Richtung Es Cubells führenden Straße das Grabungsgelände der Ses Paises de Cala d'Hort

*Sa Caleta ist ein ganz intimer Badestrand*

Sant Josep, Cala d'Hort (Fortsetzung)

besichtigen. Es handelt sich um die Reste einer punisch-römischen Siedlung aus der Zeit zwischen dem 5. Jh. v.Chr. und dem 7. Jh. n.Chr.; erhalten sind Gebäudefundamente, eine ausgemauerte Zisterne sowie im Gelände verstreut eine punische und eine byzantinische Nekropole. Vom Grabungsgelände hat man einen reizvollen Blick auf Es Vedra und Vedranell.

*Cap Jue

Südlich von Cala d'Hort bildet das Cap Jue die Südwestspitze der Insel Ibiza. Dorthin führt zunächst ein geschotterter Fahrweg; das letzte Stück Weges zum Kap muß man zu Fuß zurücklegen. Hoch über der Steilküste steht die 'Torre del Pirata', ein alter Wachtturm; vom Mirador de Gaviña öffnet sich ein höchst lohnender Blick auf die Inseln Vedranell und Es Vedrá.

Cala Carbó

Eine zweite Stichstraße, näher bei Cala Vedella, führt zur Cala Carbó mit ihrem teils sandigen, teils kieseligen Strand.

Serra de Cala Molí

Eine neu angelegte Straße steigt von Cala Vedella an der rechten (nördlichen) Buchtseite bergan (von oben prachtvoller Rückblick) und führt hoch über dem Küstensaum hin, durch die Serra de Cala Molí, zum gleichnamigen Badeort (→ Sant Agusti).

## Sant Llorenç de Balafia (San Lorenzo) B 4

Höhe: 117 m ü.d.M.

Lage und Ortsbild

Der kleine Ort Sant Llorenç de Balafia liegt unweit westlich der Straße, welche Eivissa (Ibiza Stadt) mit Sant Joan Baptista verbindet. Hier steht eine hübsche Kirche in der typischen Bauweise der Insel mit weiß verputztem Mauerwerk und kleiner Vorhalle. Sie stammt aus dem 18. Jahrhundert.

*Das archaische Wehrdorf Balafia*

### Balafia bei Sant Llorenç

Unweit nördlich von Sant Llorenç kommt man auf einem schmalen, geschotterten Feldweg zu dem alten befestigten Weiler Balafia. Seine kleinen weißen Häuserkuben ducken sich um alte runde Wachttürme aus ockerfarbenem Bruchstein, die nur durch von oben einziehbare Leitern zugänglich waren und einst Schutz vor Übergriffen der Türken geboten haben. Das Innere der Gebäudegruppe ist Privateigentum und daher nicht zugänglich. * Wehrdorf

In der näheren Umgebung gibt es noch weitere aus Wehrdörfern hervorgegangene Anwesen.

## **Sant Mateu d'Aubarca** (San Mateo) B 3

Höhe: 185 m ü.d.M.

Lage: Das einsame Bergdorf San Mateo liegt knapp 20 km nördlich von Eivissa (Ibiza Stadt), von wo es über → Santa Gertrudis de Fruitera zu erreichen ist.

Ortsbild: Sant Mateu d'Aubarca liegt abseits der Durchgangsstraße in einer idyllischen, intensiv landwirtschaftlich genutzten Landschaft, wo Öl- und Feigenbäume, Weingärten und Mandelkulturen vorherrschen. Die kleine weiße Kirche, die das Ortszentrum bildet, stammt aus dem 18. Jahrhundert.

Cala S'Aubarca: Ein Fahrweg führt weiter in nördlicher Richtung und endet in einiger Entfernung von der romantischen, aber nicht leicht zugänglichen Cala S'Aubarca.

*Schafweide bei Sant Mateu*

## Sant Miquel de Balanzat (San Miguel) B 4

Höhe: 159 m ü.d.M.

Lage

Sant Miquel de Balanzat liegt unweit von der ibizenkischen Nordküste, ungefähr in deren Mitte, und knapp 20 km nördlich der Inselhauptstadt Eivissa.

### Orts- und Landschaftsbild

Sant Miquel liegt an einer seit dem Altertum besiedelten Stelle. Das Wahrzeichen des Pfarrdorfs ist die auf der Spitze des 159 m hohen Hügels (Puig de Missa) stehende Wehrkirche (Sant Miquel Arcángel; 14.–16. Jh.), die – wie viele Höhenkirchen – dem Erzengel Michael geweiht ist. Von dem Weg, welcher die Kirche umzieht, hat man einen guten Blick, insbesondere nach Norden zur Küste.
Viel besucht wird der Ort wegen seiner verschiedenen folkloristischen Veranstaltungen.

Sa Cova des Bon Nin

Unweit nördlich liegt versteckt die kleine Grotte Sa Cova des Bon Nin.

Port de Sant Miquel (Port Balanzat)

Die windgeschützte Bucht Port de Sant Miquel erreicht man auf der in nördlicher Richtung weiterführenden, landschaftlich lohnenden Straße. Im Altertum war die feinsandige Bucht als guter Naturhafen geschätzt. Am Hang auf der rechten Buchtseite eine große Terrassenhotelanlage mit Tennisplätzen und dem 'Club Sant Miquel'.

*Cova de Can Marça

Oberhalb der die rechte Buchtseite bedeckenden Bebauung kommt man zum Parkplatz für die weit unten am Meer sich öffnende Cova de Can Mar-

*Blick auf die Bucht von Port Sant Miquel*

Sant Miquel (Fortsetzung)

ça. Die Grotte ist vor etwa 100 000 Jahren entstanden; zu sehen sind schöne Sinterbecken, Tropfsteine und unterirdische Wasserläufe. In früheren Zeiten diente die Grotte den Schmugglern als Versteck.

Torre del Mula

Auf der Landspitze, welche die Bucht im Westen begrenzt, steht die Torre del Mula, der Stumpf eines alten Wehrturms. Auf der Illa Murada, dem kleinen vorgelagerten Inselchen, wurden Reste römischer Besiedlung entdeckt.

*Na Xemena

Die 4 km westlich von Port de Sant Miquel entstandene Bungalowsiedlung Na Xemena liegt großartig 150 m hoch über dem Meer an der Steilküste. Die besonders originellen und geschmackvollen Häuser im Hacienda-Stil fügen sich sehr gut in die Landschaft ein; von den höhergelegenen Abschnitten der die Urbanisation durchziehenden Straße hat man einen schönen Blick auf die Bucht von Port de Sant Miquel.

## **Sant Rafel de Forca** (San Rafael) C 3

Höhe: 129 m ü.d.M.

Lage

Sant Rafel de Forca liegt im Inselinneren, an einem wichtigen Straßenknoten, etwa auf halber Strecke zwischen Eivissa und Sant Antoni de Portmany. Der Ort ist für seine Keramikwerkstätten bekannt.

### Ortsbild

Kern des Pfarrdorfs ist die weiße Kirche (18. Jh.; hübsche Vorhalle), von der man auf Eivissa hinunterblickt.

*In dem kleinen Ort Sant Rafel haben sich in den letzten Jahren einige Keramikwerkstätten etabliert*

Sant Rafel (Fortsetzung)

Unweit südlich des Ortes, östlich abseits der von Eivissa kommenden Straße, findet man das "Ku" ("Privilege"), die wohl bekannteste und beliebteste Diskothek auf Ibiza.

Monte Cristo

Südlich von Sant Rafel steht, östlich abseits der Durchgangsstraße, auf dem Monte Cristo eine Christusstatue aus dem 19. Jh., die Ziel von Prozessionen ist. Von hier guter Blick nach Süden.

## **Sant Vicent de sa Cala** (San Vicente Ferrer) **B 5**

Höhe: Meereshöhe

Lage

Die alte Ortschaft Sant Vicent de sa Cala liegt im Bergland nahe der äußersten Nordostspitze von Ibiza. Die Stichstraße endet bei dem kleinen Seebad Cala Sant Vicent.

Landschaftsbild

Man erreicht den Ort von dem 10 km westlich gelegenen Gemeindezentrum → Sant Joan de Labritja auf kurviger Strecke. Sant Vicent gruppiert sich um die kleine Pfarrkirche aus dem 19. Jh., die etwas abseits der Durchgangsstraße steht.

### *Cala Sant Vicent

Die reizvolle Ferienkolonie Cala Sant Vicent gruppiert sich um die gleichnamige Bucht, die von schattigem Pinienwald umgeben und nach Norden durch den steilen Felssporn der Punta Grossa (173 m) geschützt ist. Die mäßig weite Bucht mit ihrem teils feinsandigen, teils mittel- bis grobkieseli-

*Faro de Botafoch bei Talamanca*

Sant Vicent (Fortsetzung)

gen Strand gehört zu den reizvollsten Badeplätzen der Insel Ibiza. An der in Windungen zur Punta Grossa hinaufziehenden Straße stehen Sommerhäuser und Privatvillen. Nach Südosten geht der Blick zur Insel Tagomago.

Es Cuyeram

Rund 2 km nördlich der Cala Sant Vicent befindet sich die Höhle von Es Cuyeram, in welcher im Jahr 1907 ein Heiligtum der karthagischen Haupt- und Fruchtbarkeitsgöttin Tanit und 1913 zahlreiche Keramikreste aus der Jungsteinzeit sowie eine Bronzetafel mit Inschriften aus dem 4. und 2. Jh. v. Chr. entdeckt worden sind. Die Funde sind heute im Museum zu → Eivissa ausgestellt.

Eine wegen der herrlichen Ausblicke lohnende Straße führt, zunächst hoch über der Küste, zu dem etwas landeinwärts gelegenen hübschen Ort Sant Carles (→ Santa Eulària del Riu).

## Tagomago **B 6**

Höhe: bis 114 m ü.d.M.
Keine regelmäßige Bootsverbindung

Lage und Landschaftsbild

Die Felseninsel Tagomago liegt vor der Punta d'en Valls und dem Cap Roig, den östlichsten Kaps von Ibiza. Der auf der Südostspitze von Tagomago stehende Leuchtturm ist das Leitfeuer für die von Mallorca kommenden Schiffe.

Die Insel ist nicht ständig bewohnt; man vermutet aber, daß sie schon vor der Zeitenwende besiedelt war. Heute wird sie vor allem von Sportbooten angelaufen und von Tauchern besucht, denen die felsigen Küstenpartien ein gutes Betätigungsfeld bieten. Auf Tagomago gibt es keine Unterkunfts-

möglichkeiten; man ist bemüht, die Insel in ihrem ursprünglichen Zustand zu belassen.

Tagomago (Fortsetzung)

## Talamanca C–D 4

Insel: **Ibiza**
Höhe: Meereshöhe

Lage und Landschaftsbild

Im Nordosten der Stadt Eivissa und von ihrer Hafenbucht durch eine schmale Landverbindung zur Illa Grossa getrennt, öffnet sich die halbkreisförmige Cala Talamanca. Hier sind die Hotelsiedlungen Talamanca und Ses Figueres entstanden.

Faro de Botafoch

Auf der Illa Grossa steht der Faro de Botafoch, ein Leuchtturm, den man auf einer schmalen Straße erreichen kann. Von hier, namentlich von dem das Inselchen umziehenden Fußpfad, bietet sich ein besonders lohnender Blick auf den Hafen und die Oberstadt von Eivissa sowie auf die Bucht von Figueretes und die in der Ferne liegende Insel Formentera.

Cala Talamanca

Die Strände der Cala Talamanca sind feinsandig, aber häufig durch den Unrat des nahen Hafens von Eivissa und durch angeschwemmten Tang unsauber. Talamanca selbst ist eine mittelklassige Feriensiedlung mit vielen Apartmentblocks.

Aqualandia

Weiter draußen in Richtung zum Kap befindet sich der Wasserpark Aqualandia mit Gastronomie, großen Wasserrutschbahnen, Tennisplätzen u.ä.

### Jesus

*Kirche

Rund 2 km landeinwärts von Talamanca, an der über Roca Llisa nach Santa Eularia führenden Straße liegt das kleine Dorf Jesús. Rechts an der Durchgangsstraße steht die Kirche Mare de Deu de Jesus, die zusammen mit Vorplatz und Gemeindezentrum ein hübsches Ensemble bildet. Das Gotteshaus wurde im 14. Jh. zunächst als Kapelle einer Dominikanerabtei errichtet, später von den Franziskanern in eine Wehrkirche verwandelt. Im Innern ein sehr schöner spätgotischer Retablo (Altaraufsatz; 16. Jh.; Besichtigung nur Do. 10–12 Uhr), der die Madonna im Kreise musizierender Engel zeigt und möglicherweise ein Werk von Juan Rodrigues de Osona ist.

◂ *In der Kirche von Jesus befindet sich ein berühmtes Altarbild*

# Praktische Informationen von A bis Z

# Praktische Informationen von A bis Z

Hinweis

Seit kurzem sind nur noch die ibizenkischen (also nicht die hochspanischen) Ortsnamen verbindlich; sie werden auch hier verwendet. So ist z. B. die Inselhauptstadt Ibiza unter dem Namen 'Eivissa' zu finden.

## Andenken

→ Einkaufen

## Anreise

Linienflug

Für die Anreise zu den Balearen wird man im allgemeinen das Flugzeug wählen. Direktverbindungen (z.T. mit Zwischenlandung) gibt es von Frankfurt / Main nach Eivissa (Ibiza-Stadt) bzw. von Düsseldorf, Frankfurt / Main und Hamburg sowie von Zürich nach Palma de Mallorca, von wo zwei- bis dreimal täglich Linienmaschinen nach Ibiza verkehren. Ferner ist eine Anreise über Barcelona möglich, das von allen großen Verkehrsflughäfen Europas leicht erreichbar ist und von wo gleichfalls täglich zwei bis drei Verbindungen nach Ibiza bestehen.

Charterflug

Von vielen Reiseveranstaltern werden im Rahmen von Pauschalreisen Charterflüge durchgeführt. Während die Nachbarinsel Mallorca praktisch das ganze Jahr über mit Chartermaschinen angeflogen wird, konzentrieren sich auf Ibiza die Reisesaison und damit auch die meisten Charterflüge auf das Sommerhalbjahr (etwa ab Ostern und bis Oktober).

Die Insel Formentera besitzt keinen Flugplatz und ist nur mit dem Schiff (s.unten) zu erreichen.

Schiffsverbindungen Autofähren

Eine weitere Anreisemöglichkeit bieten die Autofähren, welche die Balearen mit dem Festland verbinden. Es gibt Verbindungen von Barcelona, Valencia und Denia (Spanien) nach Ibiza bzw. von Barcelona und Valencia nach Palma de Mallorca.
Die vom spanischen Festland nach den Balearen verkehrenden Autofähren werden von den spanischen Schiffahrtsgesellschaften Compañía Trasmediterránea, Flebasa und Pitra betrieben.

Compañía Trasmediterránea

Generalvertretung in Deutschland:

DERTRAFFIC Schiffsreisen
Emil-von-Behring-Str. 6
D-60439 Frankfurt/Main
Tel. (0 69) 95 88 17 17, Fax (0 69) 95 88 17 74

◂ *S. 86/87: Bei Figueretes liegt einer der längsten und meistbesuchten Sandstrände auf Ibiza*

Anreise (Fortsetzung)

Auskünfte und Buchungen auf Ibiza:
Carrer Bartolomé Vicente Ramón 21
E-07800 Eivissa (Ibiza-Stadt)
Tel. (9 71) 30 16 50

Flebasa / Pitra

Generalagentur:
ART Reisen GmbH
Königsallee 61
D-40215 Düsseldorf
Tel. (02 11) 9 38 18 10

Trasmapi

Auskünfte und Buchungen auf Ibiza:
Avinguda Andenes
E-07800 Eivissa
Tel. (9 71) 31 07 11 und 31 20 71
Tel. (01) 2 11 40 81

Hinweis

Nachteilig wirkt sich namentlich bei kürzerem Aufenthalt die Tatsache aus, daß man für die Anreise zu den genannten Hafenorten relativ viel Zeit benötigt. Überdies sollten Gespann- und Wohnmobilfahrer, ehe sie sich für eine Anreise zu Schiff entscheiden, bedenken, daß die Straßen auf Ibiza vor allem in bergigen Gegenden äußerst kurvenreich und oft schmal sind und es nur einige wenige Campingplätze gibt. Da das landwirtschaftlich genutzte Gelände meist eingefriedet ist, macht es auch Schwierigkeiten, außerhalb einen Stellplatz zu finden.
Auf Formentera herrscht offiziell Campingverbot.

Verkehrsmittel intrainsulär

→ dort

## Apartments

→ Ferienwohnungen

## Apotheken

Hinweisschild

Die Apotheken (farmàcies) sind durch ein grünes Kreuz auf weißem Grund gekennzeichnet.

Öffnungszeiten

In der Regel Mo.–Fr. 9.30–14.00 und 16.30–20.00 sowie Sa. 9.00–12.30 Uhr. Dienstbereite Apotheken außerhalb dieser Zeiten nennt der in jeder Apotheke aushängende Anschlag, der auch in den Zeitungen abgedruckt ist.

## Ausflugsfahrten

Bustouren

Eivissa ist durch Autobuslinien mit den Orten Sant Antoni de Portmany (San Antonio Abad) und Santa Eulária des Riu (Santa Eulalia del Río) verbunden; die Busse fahren im Sommer in maximal stündlichem Abstand. Eine weitere Buslinie verkehrt zum Flughafen (südwestlich von Eivissa) und nach Ses Salines (Las Salinas).

Der Autobushof von Eivissa (Ibiza-Stadt) befindet sich am Carrer Conde Rosselló, zwischen der Oberstadt und der Westseite des Hafenbeckens.
Über die Autobusausflüge, die speziell für Touristen veranstaltet werden, geben die Hotelrezeptionen sowie die Verkehrsbüros (→ Auskunft) detaillierte Informationen.

Abgelegenere Orte sind allenfalls mit dem → Taxi zu erreichen. Wer Ibiza intensiver erkunden möchte, ist gut beraten, einen → Mietwagen zu wählen.

## Kurzausflüge nach Mallorca

Wer längere Zeit auf Ibiza bleibt, sollte durchaus einen Ausflug nach Mallorca, der Hauptinsel der Balearengruppe, ins Auge fassen. Für einen einbis zweitägigen Inselbesuch bietet sich die Besichtigung von Palma, der Hauptstadt Mallorcas und der gesamten Autonomen Region der Balearen, an; wer längere Zeit zur Verfügung hat, kann auch zu außerhalb gelegenen Sehenswürdigkeiten gelangen. Die günstigen und relativ preiswerten Flugverbindungen zwischen den einzelnen Baleareninseln erleichtern ein solches Vorhaben erheblich. Wer es zeitlich einrichten kann, sollte für die Rückfahrt von Mallorca nach Ibiza das Schiff wählen. Der gegenüber dem Flug deutlich höhere Zeitaufwand wird durch die sehr malerische Einfahrt in den Hafen von Eivissa (Ibiza-Stadt) wettgemacht.

Eine eingehende Beschreibung der Inseln Mallorca, Menorca und Cabrera bietet Baedekers Allianz-Reiseführer MALLORCA (gleiche Aufmachung wie der vorliegende Band).

Die nachstehend vorgeschlagenen Routen führen zu einer Reihe besonders lohnender Ziele auf Mallorca.

### Routenvorschläge

**Nach Esporles und Valldemossa**

Rund 15 km nordwestlich von Palma liegt bei Esporles das schöne Landgut La Granja (Besichtigung). Die Durchgangsstraße führt weiter zur Küste und über Banyalbufar nach Estellencs, in dessen Umgebung der Mirador de Ricardo Roca mit seiner höchst eindrucksvollen Aussicht liegt. Dann fährt man auf der Küstenstraße zurück und in Richtung Sóller; rechts etwas abseits das schön gelegene Valldemossa, in dessen Kartause (Besichtigung) Frédéric Chopin und George Sand den Winter 1838/1839 verbrachten. Von Valldemossa führt eine direkte Straße zurück nach Palma; die gesamte Rundfahrt ist ungefähr 80 km lang.

**Nach Alfabia und Sóller**

Die Straße von Palma in nördlicher Richtung führt zunächst nach Alfabia, dessen kunstvolle Gartenanlage weitberühmt ist. Im weiteren Verlauf dieser Straße führt der (von einem Straßentunnel unterquerte) Coll de Sóller, ein wildromantischer Gebirgspaß, nach dem Städtchen Sóller und seinem schönen Hafen; wer weniger Zeit hat, fährt von Alfabia zurück bis zur Abzweigung in Richtung Orient, dann an diesem Ort vorbei und auf das Castillo de Alaró. Über Alaró kommt man dann auf die große Durchgangsstraße, die einen nach Palma zurückbringt. Die Streckenlänge beträgt insgesamt rund 60 km.

**Zum Cap Formentor**

Länger ist die Fahrt von Palma de Mallorca zum Cap Formentor, der nördlichsten Spitze der Insel. Man folgt der von Palma nach Nordosten ziehenden großen Durchgangsstraße bis zu dem rechts abseits gelegenen Ort La Puebla; bei der Straßenteilung kann man entweder links über Pollensa oder geradeaus über Alcudia und an der Badia de Alcudia entlang nach Puerto Pollensa fahren, wo die landschaftlich äußerst lohnende Straße zum Cap Formentor beginnt. Für den Rückweg kann man jeweils die Alternative zu der für die Hinfahrt gewählten Route befahren. Insgesamt ist die Strecke von Palma zum Cap Formentor und zurück gut 150 km lang.

**Durch die Zentralebene nach Portocristo**

Quer durch die Insel führt die nachstehend beschriebene Fahrt. Man verläßt Palma in genau östlicher Richtung und erreicht, vorbei am Prähistorischen Park und der Glashütte Gordiola, das südlich abseits der Strecke

Mallorca, Routenvorschläge (Fortsetzung)

gelegene Städtchen Algaida, von wo sich unbedingt eine Fahrt auf den Puig de Randa und ein Abstecher über Lluchmayor zur Cala Pí (beides in südlicher Richtung) empfiehlt. Von Algaida weiter nach Osten fahrend erreicht man die Stadt Manacor, die durch ihre Kunstperlenmanufaktur berühmt ist und wo man sich eine Fabrikbesichtigung nicht entgehen lassen sollte. An der Ostküste von Mallorca kommt man schließlich zu dem Hafenort Porto Cristo, wo die berühmten Tropfsteinhöhlen, die Cova del Drach und die Covas dels Hams, einen Besuch verdienen. Auf der gleichen Strecke kehrt man auch wieder nach Palma zurück; die gesamte Fahrt ist (ohne Abstecher) rund 140 km lang.

Hinweis

Bei den nachstehenden Ortsbeschreibungen steht Palma de Mallorca als Ausgangspunkt aller zuvor genannten Routen an erster Stelle. Die übrigen Stichworte sind alphabetsich geordnet.

## Ciutat / Palma de Mallorca

Allgemeines

Ciutat (allgemein besser bekannt unter dem früheren spanischen Namen Palma), die Hauptstadt Mallorcas und der spanischen Provinz Baleares, liegt malerisch an der etwa 20 km tief in die Südwestküste eingreifenden Badia de Palma. Die Stadt ist ein bedeutender Mittelmeerhafen und hat sich zu einer lebhaften, weit ins Hinterland ausgreifenden Großstadt entwickelt. Hier ist sowohl der regionale Wirtschaftsschwerpunkt (Handel, Banken, Industrie, Gewerbe und Handwerk) als auch das kulturelle Zentrum (Hoch- und Fachschulen, wissenschaftliche Institute; Bischofssitz; künstlerische und literarische Aktivitäten) für Balearen und Pityusen. Der Ausländeranteil an der Gesamtbevölkerung ist beträchtlich; etwa ein Drittel der Einheimischen sind ‘Chuetas’, d.h. ursprünglich jüdischer Abstammung. Mit seiner geschäftigen Innenstadt (Palais, Gründerzeit- und Jugendstilbauten), deren einst geschlossener Mauerring weitgehend breiten Ringboulevards weichen mußte, seiner Altstadt (Palais, Kirchen) und den ausgedehnten Stränden an der gesamten Buchtküste außerhalb der Stadt ist Palma eines der meistbesuchten spanischen Ferienziele sowie ein idealer Ausgangspunkt für den Besuch der Insel Mallorca, zumal praktisch das gesamte Straßennetz strahlenförmig auf die Stadt orientiert ist. Als weithin sichtbare Wahrzeichen ragen die Kathedrale und das Schloß Bellver über der Stadt auf.
Östlich von Palma de Mallorca dehnt sich die weite Zentralebene der Insel, die Llanura del Centro (mall. Es Pla; hier auch der Flughafen), während im Westen die Ausläufer der Serra de Tramuntana bis an die Stadtgrenzen heranreichen.

Geschichte

Die Ausgrabungen von Son Sunyer, Es Vincle, Son Oms u.a. (alle in der Nähe des heutigen Flughafens) zeugen von prähistorischer Besiedlung. Wohl bei einem Fischerdorf gründeten die Römer ihren Stützpunkt Palmaria. Die erste Stadtmauer wurde im 4. Jh. n.Chr. angelegt. Auf die vandalische und byzantinische Fremdherrschaft im 5. und 6. Jh. folgte bis zum 13. Jh. die Maurenzeit, während welcher die nun dreifach befestigte Stadt arabisch Madîna Mayûrqa hieß und viele Juden beherbergte.
An Silvester 1229 zog der Maurenbezwinger Jaume I. in Palma ein, das 1276 als Ciutat (‘Stadt’) Hauptstadt des Königreiches Mallorca (bis 1349) wurde und bis zum 15. Jh. eine Blüte erlebte. 1375 und 1384 waren schwere Pestjahre; 1391 gab es große Judenpogrome, in deren Verlauf das El-Call-Getto erstürmt wurde. Die Riera-Flut im Jahre 1401 forderte etwa 5000 Todesopfer; 1450–1452 gab es Bauernaufstände.
Die ‘Universidad Literaria’, eine geisteswissenschaftliche Hochschule, wurde 1483 gegründet; zwei Jahre später erschienen die ersten Bücher. 1562 wurden neue Stadtmauern gebaut, 1571 die Real Audiencia, das Gericht.
Die Inselheilige Catalina Thomás verbrachte den größten Teil ihres Lebens im Magdalenenkloster, wo sie im Jahre 1574 verstarb. Im 17. Jh. suchten wieder Hungersnöte (1648) und Pest (1652) die Stadt heim. Die Inquisition

1 Fuente del Sepulcro
2 Fuente de la Princesa
3 Casa Belloto
4 Consulado del Mar
5 Casa Oleo
6 Almudaina-Bogen
7 Casa Oleza
8 Casa del Marqués de Palmer
9 Arabische Bäder (Casa Font y Roig)

Palma de Mallorca (Fortsetzung)

brachte in der zweiten Jahrhunderthälfte grausame Autodafés (Ketzerverbrennungen; v.a. Juden) mit sich.

Um 1700 kam der Name Palma in Gebrauch; 1745 forderte eine große Epidemie etwa 10 000 Todesopfer. Die Jesuiten wurden 1767 von der Insel vertrieben. Im 18. Jh. erreichte die Machtfülle der Inselaristokratie ihren Gipfelpunkt; es entstanden stattliche Palais, und die Silberschmiedekunst gelangte zu hoher Blüte. Schon 1808 gab es in Palma die erste Tageszeitung. 1851 erschütterte ein schweres Erdbeben die Insel.

Seit 1900 ist die Einwohnerzahl stetig und rasch angestiegen. Von 64 000 Einwohnern steigerte sie sich auf 137 000 (1950) und bis heute auf rund 300 000.

Hinweis

Die Beschreibungen der einzelnen Sehenswürdigkeiten von Palma de Mallorca wurden so geordnet, daß diese auf Rundgängen in der gegebenen Reihenfolge besichtigt werden können. Ausgangspunkt für die Rundgänge im Innenstadtbereich ist die Kathedrale.

Kathedrale

Oberhalb des Alten Hafens, über der in diesem Bereich erhalten gebliebenen Stadtmauer, thront die Kathedrale (La Seo), ein um 1230 frühgotisch

begonnener, aber erst im 16./17. Jh. vollendeter Bau aus goldbraun patiniertem Sandstein, mit drei Portalen, schöner Südfassade und zwei im 19. Jh. erbauten Haupttürmen (je 67,50 m hoch) sowie einem Glockenturm (1270; 47,80 m hoch, 9 Glocken), an den die Casa de la Almoina (Kapitelbibliothek) angebaut ist. Vom Vorplatz auf der Südseite der Kathedrale überblickt man den Parc de Mar (s.S. 94) mit seinem großen Wasserbekken und dahinter die weite Bucht.
Man betritt die Kathedrale durch einen Nebeneingang an der Nordseite und gelangt zunächst in das Kirchenmuseum. Hier im Vorraum einige mächtige handgeschriebene Liederbücher, im ersten Raum (Sagristia de Vermells) zentral eine Monstranz (spätgotisch, mit barockem Aufsatz); in den Vitrinen etliche Schatullen und Reliquiare, kirchliches Gerät; ferner eine schöne Verkündigungsgruppe (14. Jh.), Handschriften, Stundengläser u.a. Im nächsten Raum, dem Alten Kapitelsaal (Blick auf den Kreuzgang), ein schönes Altarbild der hl. Eulalia (um 1335), ein Hl. Sebastian (1488), ein Bildnis des Papstes Silvester I. (14. Jh.), ein großes Altarbild mit dem hl. Franziskus und der Darstellung der Franziskus-Legende. Durch ein in den gotischen Raum eingefügtes Renaissanceportal betritt man den von einer ovalen Kuppel überwölbten nächsten Raum, den sehr stark vom Manierismus beeinflußten Neuen Kapitelsaal. In den Vitrinen an den Wänden Reliquiare und einige silberne Heiligenfiguren, zwei Kruzifixe aus Elfenbein; in der Raumachse beherrschend ein vergoldeter hochbarocker Altar.
Dann betritt man das Innere der dreischiffigen Kathedrale. Es umfaßt eine Fläche von 6600 m² und erreicht eine Höhe von 44 m. Zu Beginn des 20. Jh.s wurde es von dem bekannten spanischen Architekten Antoni Gaudí umgestaltet. Die Gewölbe werden von 14 gewaltigen Säulen getragen; es gibt sieben eindrucksvolle Fensterrosen (im Apsisbogen die größte, von 1370, mit 11,15 m Innendurchmesser). Die Seitenschiffe sind überraschend hoch und jeweils von einer Reihe von Kapellen mit wuchtigen Barockaltären flankiert. Sie enden in zwei Nebenchören, die baulich vom Hauptschiff getrennt sind. Die bunten Glasfenster sind von unterschiedlicher Qualität und zeitlicher Herkunft.
In der Capella Real (Presbyterium) steht der Hauptaltar, über dem ein riesiger Dornenkronenbaldachin von Antoni Gaudí aufgehängt ist, der rings einen Kranz von Lampen trägt. An ihrem Ende der Bischofsstuhl. In den Seitenwänden des Presbyteriums die Grabmäler von Berenguer Batle (Episkopat 1332–1349) und Guillem de Vilanova (Episkopat 1304–1318), zwei Bischöfen, die sich um den Bau der Kathedrale besonders verdient gemacht haben.
Hinter dem Presbyterium liegt die Capella de la Trinitat (Dreifaltigkeitskapelle); in ihr die Sarkophage der Könige Jaume II. und Jaume III.

Links vom Presbyterium bemerkt man die wuchtige steinerne Hauptkanzel (1531, im sog. plateresken Stil), die den Gesamteindruck der gotischen Kirche allerdings etwas stört. Im linken Nebenchor befinden sich ein großer silberner Altaraufsatz und zwei ebensolche Leuchter. Daneben der Zutritt zum Kreuzgang, durch den man die Kathedrale verläßt.

Im Stadtgebiet unmittelbar nördlich der Kathedrale gibt es eine ganze Anzahl mehr oder weniger geschmackvoller Kunstgewerbeläden.

Bischofspalast

Direkt gegenüber dem Chor der Kathedrale steht das Bischofspalais (1616; heute Sitz der Diözesanverwaltung und Archiv); in der Mitte des Innenhofs eine Christusstatue (19. Jh.); hier links an der Fassade eine schöne Wappenkartusche mit Sonnenuhr. Einen Blick verdient auch das schmiedeeiserne Gitter am inneren Treppenaufgang. Der Zugang zum Diözesanmuseum (tgl. 10–13 und 15–19) befindet sich direkt rechts außerhalb des großen Portals. Die Sammlung zeigt liturgisches Gerät, Inkunabeln, Architekturteile, Münzen, Keramik u.a.

Almudaina-Palast

Der Palau de la Almudaina, einst Sitz der maurischen Wesire und ab 1230 Königsburg, erhebt sich gegenüber dem Westportal der Kathedrale. Heute

Palma de Mallorca (Fortsetzung)

beherbergt er Militärbehörden; im Rahmen einer Führung können einige Schauräume besichtigt werden. Im Hof die gotische Capella de Santa Ana. Unterhalb des Almudaina-Palastes, insbesondere an der Westseite, ist ein kleiner Park mit Wasserspielen nach maurischem Vorbild sowie mit einigen modernen Skulpturen (darunter ein Mobile von Calder, von 1971) angelegt.

Parc del Mar

Unterhalb der Kathedrale und der Almudaina liegt der nach völliger Neugestaltung am 12. Oktober 1984 seiner Bestimmung übergebene Parc del Mar. Am Fuß der zu diesem führenden Treppe eine Bronzeplastik, die einen der legendären balearischen Steinschleuderer zeigt. Der Parc del Mar besitzt ein großes Wasserbecken, an und in welchem einige moderne Plastiken stehen. Die den Park nach Süden gegen das Meer begrenzende Mauer trägt ein auf Keramikfliesen gemaltes Bild von Joán Miró (1983).

Palma de Mallorca (Fortsetzung)

Von dem genannten Park kommt man zum palmenbestandenen Passeig Sagrera. An seinem Anfang ein Denkmal (1967) für Ramón Llull (latinisiert Raimundus Lullus), den großen mallorquinischen Denker.

Llotja (Börse)

An der palmenbestandenen Promenade steht rechts die im 15. Jh. von Guillermo Sagrera erbaute Llotja (ehem. Handelsbörse); im Bogenfeld des rein gotischen Hauptportals die Plastik des hl. Michael (Kopie; Original im Museu de Mallorca; s. S. 97). Beachtenswert sind die hohen Fenster mit ihrem Maßwerk; die großen Bogenportale der im Inneren nur von einigen wenigen Säulen getragenen Halle, die den gesamten Gebäudegrundriß einnimmt, sind in voller Höhe verglast. Heute dient die Llotja als Ausstellungshalle. Gegenüber dem Hauptportal, an der Plaça de la Llotja, ein etwas vernachlässigtes, aber dennoch bemerkenswertes Jugendstilhaus.

Palma de Mallorca (Fortsetzung)

Neben der Llotja steht das Consulat del Mar, das einstige Seegericht, mit schöner Renaissancegalerie im ersten Obergeschoß und einem kleinen Uhrturm. Beiderseits des Eingangs zwei alte Schiffskanonen, ferner ein Anker.

Santa Creu

Unweit nördlich der Llotja erreicht man die Kirche Santa Creu (Heiligkreuzkirche) mit einer sehr bemerkenswerten Krypta (13. Jh.). Am nahen Carrer dels Apuntadors gibt es viele Speiselokale.

Hafenanlagen

Die Hafenanlagen von Palma beginnen unterhalb des Almudaina- Palastes und ziehen sich weit nach Westen bis zur Cala Major. Der östlichste Teil ist der Fischerhafen, der von einem langen Wellenbrecher begrenzt wird. Hier steht die Llotja del Peix (Fischbörse); von diesem Teil des Hafens hat man einen besonders guten Blick auf die Kathedrale. Auf den Fischerhafen folgt der Club Náutic und der ausgedehnte Sporthafen mit zahlreichen Luxusjachten. Ganz am westlichen Ende des Hafenbereiches der Passagierhafen (Port Pi), mit der Estación Marítima (Hafenbahnhof), wo die Autofähren und Linienschiffe zu den Nachbarinseln und zum spanischen Festland auslaufen. Ganz am Ende des Hafenbereiches stehen ein Leuchtturm und die Torre de Pelaires, ein einstiger Festungsturm (15. Jh.).

Passeig des Born

Vom Alten Hafen führt die Avinguda Maura über die brunnengeschmückte Plaça de la Reina zum Passeig des Born, der Hauptpromenade der Stadt. An der Westseite steht der große Palau Morell (Palau Sollerich; 1763) mit zierlichen Arkaden im Obergeschoß sowie mit schönem Innenhof.

Vom Nordende des Passeig des Born (Plaça Pio XII) geht nordwestlich die breite Arkadenstraße Avinguda Rei Jaume III aus (hier viele Reisebüros und das Städtische Verkehrsamt).

Unweit nördlich der Avinguda Rei Jaume III befindet sich das Kloster La Concepción sowie im Hof des Provinzkrankenhauses die kleine Capella del Santísim Sang (Heiligenblutkapelle; 15. Jh.).

Von der Plaça Pio XII gelangt man östlich zum Justizpalast (Palau Berga) an der Plaça Catalina Thomás. Auf dem schön angelegten Platz unter einem mächtigen Gummibaum ein Jugendstil-Denkmal für den in Palma geborenen Politiker Antoni Maura (1853–1925), der zu Beginn des 20. Jh.s wiederholt das Amt des Ministerpräsidenten innehatte. Bemerkenswert sind hier auch einige Jugendstilhäuser.

Rambla

Über die nahe Plaça Weyler (breite Treppenstraße rechts aufwärts zur Plaça Major) und am Theater (Teatre Principal; 1860) vorbei erreicht man die Via Roma, im allgemeinen 'Rambla' genannt, auf der unter Platanen der Blumenmarkt abgehalten wird. Am Beginn der Straße, gegenüber der Einfahrt zur Tiefgarage, stehen zwei historisierende Caesarenstatuen. Eine großzügige Freitreppe führt aufwärts zur Plaça Major (s. unten).

Santa Magdalena

Unweit westlich der Rambla steht die Kirche Santa Magdalena am gleichnamigen Platz. Sie wurde im 18. Jh. für das Kloster erbaut, das seit dem 14. Jh. bestand und in dem Catalina Thomás, die Inselheilige Mallorcas, lebte. Ihr gläserner Sarg befindet sich in der Kirche.

Plaça Major

Die Plaça Major (Fußgängerzone), der schöne Hauptplatz der Innenstadt von Palma, ist ein erhöht gelegenes großes Karree, das rings von stattlichen Häusern mit Arkaden eingefaßt wird. Hier gibt es Straßencafés, Restaurants und Ladengeschäfte. Im Tiefgeschoß befindet sich eine große Einkaufspassage.

Sant Miquel

Nördlich der Plaça Major steht die Kirche Sant Miquel, die aus einer alten Moschee hervorgegangen ist und deren Fassade noch aus dem 14. Jh. stammt. Nahebei befindet sich die Kirche Sant Antoni de Viana, in der

Palma de Mallorca (Fortsetzung)

zweiten Hälfte des 17. Jh.s in frühbarocken Formen auf elliptischem Grundriß errichtet.

Mercat del Olivar

Unmittelbar nordöstlich der Kirche Sant Antoni gelangt man zum Mercat del Olivar, der großen Markthalle von Palma, und weiter zu der weiten Plaça d'Espanya, einem belebten Verkehrsknotenpunkt. Hier steht eine Reiterstatue König Jaumes II; an der Nordostseite der Bahnhof, von dem die beiden Eisenbahnstrecken der Insel (nach Sóller und nach Inca) ausgehen.

Altstadt

Von der Kathedrale nordostwärts erstreckt sich die belebte, von engen Gassen und Treppen, mehreren verkehrsfreien und nur wenigen breiteren Straßen durchzogene Altstadt. Allenthalben verdienen Portale, Fenster, Dachverzierungen und Innenhöfe Aufmerksamkeit.

Rathaus

An der Plaça Cort steht das barocke Ajuntament (Rathaus), ein stattlicher dreigeschossiger Bau mit schmuckreicher Fassade.

Santa Eulária

Unweit nordöstlich des Rathauses kommt man zur Kirche Santa Eulária. Im düsteren Inneren der dreischiffigen hochgotischen Kirche ein großer Barockaltar sowie einige alte Glasfenster (die Mehrzahl jedoch aus dem 19. Jh.). Die sehr stark restaurierte Fassade allerdings ist völlig vom 19. Jh. geprägt.
Am Carrer de Almudaina verdienen die Casa Oleo (Nr. 8, Innenhof, Kunstsammlung) und der maurische Mauerbogen 'Arc de Almudaina' Beachtung; nahebei am Carrer Morey der stattliche Renaissancebau der Casa Oleza (über dem Portal die Hausnummer 9, daneben jedoch Haus Nr. 33/I, was etwas irreführend ist) mit sehr sehenswertem Patio (Innenhof). An dem in westlicher Richtung zur Kathedrale führenden engen Carrer Sant Bernat sind die eindrucksvolle Barockfassade und der Innenhof der Confradreria de Sant Pere i Sant Bernat (Haus Nr. 13) bemerkenswert.

Museu de Mallorca

Das Museu de Mallorca ist in dem gut restaurierten Palau Ayamans (Casa Desbrull, Carrer Portella 5) untergebracht. Im Erdgeschoß sind Inschriftensteine und dekorative Holzschnitzereien aus arabischer Zeit sowie Teile bemalter Holzdecken (z.T. aus der Almudaina) zu sehen, des weiteren Funde aus dem Prätalayotikum und Talayotikum. Eine Treppe (hier die große Skulptur des hl. Michael von der Llotja; s.S. 95) führt aufwärts zu den Räumen mit der großen Gemäldegalerie. Besonders hervorzuheben sind hier die romanischen und gotischen Tafelbilder. Das Museum ist noch im Aufbau begriffen; weitere Abteilungen werden eröffnet.

Banys Arabs

Am Carrer Serra, der an der Ostseite des Museums verläuft, sind im Garten der Casa Font i Roig (Haus Nr. 7) die Reste einer arabischen Badeanlage (Banys Arabs) aus dem 10. Jh. zu sehen.

Montesión

Folgt man der von den Arabischen Bädern nach Norden führenden Straße, so kommt man zur Kirche Montesión mit wuchtigem Barockportal. Auch das Innere der im 16./17. Jh erbauten Jesuitenkirche ist beachtenswert, vor allem der Marienaltar (15. Jh.).

Es Jonquet

Westlich vom kanalisierten Bachbett des Torrent sa Riera, der hier die Altstadt begrenzt, erstreckt sich das einstige Fischerviertel Es Jonquet. Erhöht über dem Passeig Maritim stehen vier alte Windmühlen; in diesen und in den nahen Gassen findet man Nachtlokale und Bars.

Oberhalb vom Passeig Maritim und etwa parallel zu diesem führt ein breiter Straßenzug durch das Vergnügungsviertel um die Plaça Gomila, wo in der Zeit der Inquisition die Ketzerverbrennungen stattgefunden haben, und zu dem Villen- und Hotelvorort El Terreno.

Poble Espanyol

Das Poble Espanyol (= spanisches Dorf) liegt etwas erhöht westlich außerhalb der Innenstadt. Es handelt sich um eine sehr geschmackvoll und

Palma de Mallorca (Fortsetzung)

sorgfältig gestaltete Anlage, die aus Nachbildungen wichtiger und charakteristischer historischer Bauten aus allen Regionen Spaniens besteht. In den Häusern sind viele Kunstgewerbewerkstätten und -läden (Glas, Email, Keramik, Leder, Malerei, Teppichknüpferei und -weberei) untergebracht. Nordöstlich gegenüber dem ummauerten Poble Espanyol ist der Kongreßpalast zu finden, eine große historisierende Anlage nach dem Vorbild eines römischen Forums. Er umfaßt eine offene Säulenhalle, ein Tempelchen, ein halbrundes Theater und die eigentliche Kongreßhalle. Das Innere ist normalerweise nicht zugänglich.

Castell de Bellver

Westlich über der Stadt erhebt sich 113 m über dem Meer der gotische Rundbau des Castell de Bellver, eine ehemalige Königsburg aus dem 13. Jh. (1802–1808 Gefängnis für den spanischen Politiker und Schriftsteller G.M. de Jovellanos). Die Auffahrt zum Kastell (ausgeschildert) führt durch ein großes schmiedeeisernes Tor und die Befestigungsanlagen in das weitläufige, großenteils mit Kiefern bestandene Gelände des Burghügels; direkt beim Schloß gibt es einen großen Parkplatz. Vom Gipfelplateau, auf dem das Kastell steht, bietet sich ein phantastischer Blick über das Stadtgebiet von Palma de Mallorca (beste Beleuchtung nachmittags).
Das Castell de Bellver, von Mauern und einem Graben umzogen, ist ein wehrhafter, glattflächiger Bau auf kreisrundem Grundriß (was auf orientalische Vorbilder schließen läßt) mit einem freistehenden und drei an den Baukörper angefügten Rundtürmen. Die hochgelegenen zweibogigen romanischen Fenster gehören zum Wohnteil. In das Innere des Kastells gelangt man auf einer Brücke (früher Zugbrücke), die den Burggraben überspannt. Der Bau umschließt einen Innenhof (Patio de Armas), der von romanischen (unten) bzw. gotischen (oben) Arkaden umzogen ist und in dessen Mitte sich ein Ziehbrunnen befindet. Das flache Dach ist so konstruiert, daß das Regenwasser gesammelt und in eine Zisterne geleitet werden kann. Diese nimmt praktisch den ganzen Raum unter dem Innenhof ein.
Im ersten Obergeschoß sind einige Schauräume sowie die Kapelle und die Küche mit mächtigem Rauchfang für Besucher zugänglich. Von der Dachterrasse hervorragender Rundblick.

Horta de Palma

Die fruchtbare Horta (= Garten) de Palma, die sich westlich der Stadt erstreckt, ist von zahlreichen Ortschaften, Landgütern und Landsitzen ('Sons') belebt. Zu den bekanntesten Landsitzen in dieser Gegend gehört das 5 km nordwestlich von Palma gelegene Son Vida, das einstige Schloß der Marqueses de la Torre, das zu einem Nobelhotel (Golfplatz, 18 L.; Tennisplätze u.a.) ausgebaut wurde. Der Blick über die Badia de Palma ist eindrucksvoll.

Son Berga

Rund 6 km nördlich der Stadt liegt Son Berga, ein Bau aus dem Jahre 1776, der vor allem wegen seiner prachtvollen Gärten einen Besuch verdient.

Museu Krekovich

Nördlich, an der Straße nach Indioteria (Son Fusteret), liegt das Museu Krekovic, dessen Spezialgebiet die Kunst der Inka und aus Peru ist.

Genova

Die Künstlerkolonie Genova liegt aussichtsreich 5 km westlich von Palma. Hier gibt es eine sehenswerte kleine Tropfsteinhöhle mit verschiedenfarbigen Sinterbildungen; von der östlich gelegenen Anhöhe Na Burguesa hat man einen hervorragenden Blick auf Palma und seine Bucht.

## Badia de Palma (Westseite)

In Fortsetzung des Passeig Maritim führt eine gut ausgebaute Straße meist unweit oberhalb der südwestlichen Buchtküste an den Ferienorten Cala Major (Feinsandstrand), Sant Agusti und Illetas (kleine Sandbucht zwischen Felsen) sowie an Portals Nous und Cala d'en Blanes vorbei.

Mallorca, Marineland

Bei Cala d'en Blanes erreicht man das unmittelbar am feinsandigen Strand eingerichtete Marineland. Es besteht aus Delphinarium, Aquarium, Seehundbecken, Tropicarium u.a.; es gibt auch einige Affen und Reptilien. Täglich werden verschiedene Tiervorführungen gezeigt (Papageien 11.30, 14.15 und 16.00; Delphine und Seelöwen 10.30, 12.30, 15.00 und 17.00).

Magalluf

Die Küstenstraße zieht dann nach Palma Nova (Sandstrand), wo sich ein Spielkasino befindet, und weiter zu der Feriensiedlung Magalluf mit feinsandigem Strand. Der Ort ist in der ersten Zeit des Touristikbooms ausgebaut worden und zeigt leider etliche arge Bausünden, die man erst später zu vermeiden lernte. Dicht gedrängt stehen hier Hochhäuser, Andenkenläden, Bars und Fast-Food-Lokale. Der Golfplatz von Magalluf liegt zwischen Palma Nova und Santa Ponça.

Portals Vells

An einem als Lokal hergerichteten alten Flugzeug vorbei und durch den Golfplatz führt eine schmale Stichstraße in angenehmem, abwechslungsreichem Gelände mit Macchia und Krüppelkiefern nach Süden. Dann links ab nach Portals Vells und der gleichnamigen Bucht. Hier gibt es ein kleines Restaurant; es fahren Glasbodenboote durch die küstennahen Gewässer.
An der rechten Buchtseite (Fußweg) befindet sich im Fels die ehemalige Höhlenkirche. Besondere Beachtung verdienen der aus dem weichen Gestein gehauene Altar und das Weihwasserbecken. Es heißt, daß genuesische Seeleute zum Dank für die Errettung aus Seenot die Kirche geschaffen haben. Sie fanden Zuflucht in der Bucht und stellten in der Höhle eine kleine Madonnenfigur auf, die sie an Bord mitgeführt hatten. Heute ist die Skulptur in der Kirche von Portals Nous zu finden.
Die Südspitze der Halbinsel um die Punta Mula ist Militärgelände und daher nicht zugänglich. Die Straße endet blind; es gibt keine Park- und kaum Wendemöglichkeit.

## Badia de Palma (Ostseite)

Von Palma ostwärts führt die Autobahn (Ronda Litoral) zu dem 10 km entfernten Flughafen Son Sant Joan, dem wichtigsten Verkehrsflugplatz der Balearen (jährliches Passagieraufkommen rund 7 Mio.), und landeinwärts parallel zur Küste weiter bis vor S'Arenal (s. unten). Parallel zur Autobahn verläuft nahe der südöstlichen Buchtküste eine Straße über die einstigen Fischerorte Portixol und Es Molinar, Coll d'en Rebassa (etwas landeinwärts), Ciutat Jardin (Cala Gamba; Sandstrand) und Cala Estancia nach Ca'n Pastilla sowie von dort vierspurig entlang den Platjas de Palma (6 km langer Sandstrand, bis 40 m breit) über Las Maravillas nach S'Arenal (mit kleinem Hafen). Alle diese Küstenorte bilden heute eine fast geschlossene Touristensiedlung mit zahlreichen Hotels, Gast-, Einkaufs- und Unterhaltungsstätten.

## Alaró

Alaró liegt am Nordrand der Zentralebene (Es Pla) und am Fuß der Serra de Tramuntana, knapp 25 km nordöstlich von Palma de Mallorca. Im Zentrum des freundlichen Landstädtchens steht die Pfarrkirche (Sant Bartolomé), ein Bauwerk aus dem 14. Jahrhundert.

Castell d'Alaró

Die bedeutendste Sehenswürdigkeit in der Umgebung ist das Castell d'Alaró. Um dorthin zu gelangen, verläßt man Alaró auf der in nördlicher Richtung nach Sollerich ziehenden reizvollen Landstraße. Etwa 2 km außerhalb zweigt links (westlich) eine nicht sonderlich breite Asphaltstraße ab, der man nun folgt. Nach kurzer Strecke wird die Straße sehr schmal, und der Asphaltbelag hört auf. In steilen Windungen geht es – landschaftlich sehr lohnend, aber für nicht berggewohnte Fahrer etwas unangenehm – durch terrassierte Olivenkulturen weiter bergan, bis man nach 4 km einen

Mallorca, Alaró (Fortsetzung)

Berggasthof mit Parkplatz erreicht; von hier bietet sich ein prachtvoller Blick nach Süden auf Alaró und in die Zentralebene. Im Osten ragt senkrecht der 822 m hohe wuchtige Felsklotz auf, der die alte Burganlage trägt und nach dieser insgesamt als 'Castell' bezeichnet wird. Von dem Parkplatz führt ein (allerdings nicht beschilderter) Fußweg durch teilweise romantisch verwilderte Terrassenkulturen, später durch Buschwald aufwärts und an einigen verfallenen Kreuzwegstationen vorbei. Insbesondere im oberen Teil bieten sich vom Pfad höchst lohnende Ausblicke in die Ebene. Nach ungefähr 45 Minuten Gehzeit (bequeme, trittsichere Schuhe ratsam) erreicht man durch einen alten Torweg das weitläufige, dicht mit Johannisbrotbäumen bewachsene und großenteils von einer Mauer umzogene Gipfelplateau. Hier befinden sich die Wallfahrtskirche Mare de Deu del Refugi (Grundsteinlegung am 29. März 1622) mit einer Madonnenstatue aus dem 17. Jh. im Inneren sowie ein Hospiz. Auf der höchsten Stelle ein Sendemast. Von dem Plateau bietet sich ein herrlicher Rundblick; östlich unterhalb in der weitgehend verkarsteten Berglandschaft der Ort Sollerich. Nach Süden geht der Blick über den dicht mit Hartlaubgewächsen bestandenen Bergsporn, hinter dem sich die Zentralebene ausbreitet.
Die Ursprünge des Castell d'Alaró, von welchem die Zugänge zu den Tälern von Orient und Sóller überwacht werden konnten, liegen in maurischer, vielleicht sogar in römischer Zeit. Nachdem Mallorca im Zuge der Reconquista den Mauren abgenommen und in ein christliches Königreich umgewandelt worden war, ließ Jaume I. die Bergfestung wegen ihrer Bedeutung für die Sicherheit des Inselreiches erneuern. Mit dem Kastell ist eine düstere Episode verknüpft, die sich ereignete, als Alfonso III. von Aragón die Balearen seinem Reich anzugliedern versuchte und während dieses Feldzuges im Jahre 1285 auch das Castell d'Alaró, das letzte mallorquinische Bollwerk, belagerte. Cabrit und Bassa, zwei treue Gefolgsleute des mallorquinischen Königs Jaume II., verweigerten die Übergabe an die aragonischen Truppen und leisteten heftigen Widerstand. Doch schließlich fiel das Kastell; die beiden wurden gefangengenommen, zum Tode verurteilt, aufgespießt und bei lebendigem Leibe verbrannt. Heute gehören Cabrit und Bassa zu den großen historischen Gestalten der Insel und werden fast wie Heilige verehrt.

## Alfabia

Das durch seine Gärten bekannte Gut Alfabia liegt ungefähr 20 km nördlich von Palma an der Südrampe des ab hier untertunnelten Coll de Sóller (Straße C 711). Seine geschützte Lage zwischen der Serra de Alfabia (nördlich) und der Serreta de Alfabia (südlich) begünstigt eine üppige Vegetation.
Das Landgut war einst Sitz der maurischen Wesire. Diesen Meistern der Bewässerungstechnik gelang es hier, auf der an Oberflächenwasser armen Insel, eine Gartenanlage zu schaffen, die noch heute diesen Mangel vergessen macht. Man erzählt, daß das Gut einst einem Araber namens Benabet gehört habe, der während der Reconquista mit den Seinen zum Christentum übergetreten sei und sich dadurch seinen Besitz habe erhalten können.
Nachdem man das große Eingangstor (davor ein Parkplatz) durchschritten hat, tritt man in eine Platanenallee, die geradlinig auf das schwere Barockportal des Gebäudekomplexes zuführt. An deren Ende wendet man sich bei einem kleinen Wasserbecken nach links und folgt der flachen Freitreppe, die von Dattelpalmen mit ihren charakteristischen Fruchtständen begleitet ist. Am oberen Ende bemerkt man rechts hinter einem großen Barockfenster eine mächtige, von einem Gewölbe überspannte Zisterne, welche die Bewässerung der Treppenanlage speist. Hier folgt rechts ein stimmungsvoller, schattiger Laubengang, der zu weiteren kunstvoll angelegten Gärten führt. An diese stoßen Orangen- und Zitronenkulturen, die sich weiter talwärts erstrecken. Den tiefer gelegenen zweiten Teil der Gärten erreicht man am Fuße der doppelläufigen Treppe. Er ist geradezu dschungel-

Mallorca, Alfabia (Fortsetzung)

artig angelegt; neben den dominierenden dichten Palmenbeständen bemerkt man ein Bambusgehölz am Rande eines kristallklaren Wasserbekkens. In der Nähe gibt es einen Erfrischungsstand (außerhalb der Hauptsaison geschlossen).
Das Gutshaus ist vom Spätbarock geprägt. Vom unteren Teil des Gartens kommend, betritt man zunächst die Durchgangshalle, wo der Rundgang durch die Schauräume beginnt. In der Bibliothek beiderseits der Eingangstür zwei spätgotische Reliefs aus einer Passion Christi; im folgenden großen Salon an den Wänden ein langer Bilderfries mit Motiven der Insel (u.a. Kathedrale von Palma, Castell de Bellver, Küstenlandschaften), darüber große barocke Ölgemälde. Dann ein Raum mit zahlreichen Kupferstichen und Gravüren sowie einem hölzernen Bischofsstuhl (14. Jh.). Schließlich das Schlafgemach (Türen mit Rocailleschmuck), in dessen Vorraum ein weiterer Bilderfries mit bukolischen Landschaften zu sehen ist. Im großen Innenhof des Gebäudekarrees befinden sich ein Springbrunnen und eine mächtige Platane.
Durch den oben genannten Torbau, dessen Rückfront den Hof begrenzt, tritt man wieder in die Platanenallee hinaus, die zum Eingangstor führt.

## Algaida

Der Marktflecken Algaida liegt in der fruchtbaren Zentralebene (Es Pla) am Fuße des Puig de Randa (s. unten). Unweit nördlich vom Ort zieht die Hauptstraße vorbei, die von dem rund 20 km westlich gelegenen Palma kommt. Der in freundlicher Umgebung gelegene Ort besitzt einige alte Mühlentürme. Die gotische Pfarrkirche (Sant Pere i Sant Pau) ist im 14./15. Jh. errichtet worden; im Bogenfeld über dem Hauptportal eine gotische Madonnenplastik; hoch an der Außenwand des südlichen Seitenschiffes schöne Wasserspeier. An das Kirchenschiff ist eine überkuppelte Kapelle angefügt. Am Ortsanfang und -ende je ein Wegekreuz; neben dem südlichen ein kleines Brunnenhaus.

Glashütte Gordiola

Rund 2 km nordwestlich von Algaida liegt die Glashütte Gordiola. Sie befindet sich unmittelbar an der Hauptstraße in einem 1969 anläßlich des zweihundertfünfzigjährigen Firmenjubiläums errichteten großen Gebäude im Stil einer mittelalterlichen Ritterburg. Im Erdgeschoß ist die Glasbläserwerkstatt eingerichtet, wo man den Handwerkern dabei zusehen kann, wie sie mit unglaublicher Fingerfertigkeit allerlei Gegenstände (Krüge, Vasen, Tierfiguren u.a.) aus der glühenden, zähflüssigen Glasmasse herstellen. Angeschlossen ist eine große Verkaufsausstellung, wo in dem ungeheuer vielfältigen Angebot Dinge von geringem künstlerischem Wert ebenso zu finden sind wie Einzelstücke von großer Ästhetik und gestalterischer Sicherheit, aber auch schlicht-geschmackvolles Gebrauchsglas.
Im Obergeschoß ist ein in seiner Vielfalt ungemein sehenswertes kleines Museum zu finden (Eintritt frei; Treppe vom Hinterhof), das in erster Linie Gläser aus aller Welt zeigt. Neben spanischem gibt es auch italienisches Glas (Murano), besonders interessant das Glas aus dem Fernen Osten sowie die antiken Gläser aus Griechenland und dem römischen Imperium. Ferner eine kleine Vitrine mit Terrakotten aus der Sahara.

Wenige hundert Meter weiter östlich steht ein zweites historisierendes Gebäude im Burgstil. Es gehört zu einer Lederfabrik, die hier einen großen Verkaufsraum unterhält (Taschen, Lederkleidung und -accessoires, Schuhe).

Prähistorischer Park

Noch etwas weiter westlich, bei der im Entstehen begriffenen neuen Urbanisation Son Gual, wurde vor kurzem in der kargen, verkarsteten und von Buschwald bedeckten Landschaft ein Prähistorischer Park (Hinweistafel am Straßenrand: Prehistoric Park) angelegt, der eine ganze Reihe von Urzeittieren in natürlicher Größe und ziemlich exakter Nachbildung aus glasfaserverstärktem Kunststoff enthält. Sie sind durchnumeriert; Erklärungen

Mallorca, Algaida (Fortsetzung)

zu den einzelnen Spezies finden sich in dem Faltblatt, das an der Kasse ausgegeben wird. Nahe beim Parkausgang ein Selbstbedienungsrestaurant.

Puig de Randa

Das weitaus lohnendste Ausflugsziel in der Umgebung von Algaida und eine der bedeutendsten Sehenswürdigkeiten der ganzen Insel ist der 542 m hohe Puig de Randa, der aus der Zentralebene aufragt und drei auch als Wallfahrtsziele besuchte Klosteranlagen trägt.

Santuari de Gracia

Von Algaida folgt man zunächst in südlicher Richtung der nach Lluchmayor führenden Straße, auf der man nach 3,5 km den angenehm gelegenen kleinen Ort Randa erreicht, der eine hübsche Pfarrkirche besitzt. Hier wendet man sich nach Osten (links) und folgt der landschaftlich sehr reizvollen Straße, die in zahlreichen Serpentinen durch Buschwald bergan führt. Etwa auf halber Strecke gelangt man zu einer rechts der Straße befindlichen Toreinfahrt mit der Aufschrift "Santuario de Gracia". Man folgt nun dem durch diese führenden Fahrweg bis zu dem Parkplatz am Tor des Santuari de Gràcia. Das Kloster, im 15. Jh. errichtet, liegt großartig am Fuß senkrechter Felswände, wo in Höhlungen viele Vögel nisten. Der Fußweg durch das Klosterareal endet bei einer Plattform, von der sich ein weiter Blick in den südlichen Teil der Zentralebene bietet. Die kleine einschiffige Kirche lehnt sich mit der linken Langhausflanke an die Felswand. Bemerkenswert sind die farbigen Bilder auf Majolikakacheln in der ersten linken Seitenkapelle (Wurzel Jesse, Mariä Verkündigung, Geburt Jesu u.a.); an der Hauptwand eine farbig gefaßte Holzstatue der hl. Anna. In der Kirchenapsis steht das Gnadenbid, zu welchem links eine Tür (Lichtschalter an der Wand) und eine kurze Treppe führen.

Vom Santuari kehrt man zur Hauptstrecke zurück. Weiter geht es in Serpentinen bergan (hübscher Blick hinunter nach Randa); nach wenigen hundert Metern folgt scharf rechts die nur durch eine unscheinbare Majolikatafel an der Steinmauer gekennzeichnete Abzweigung zum Santuari Sant Honorat. Auf dem Vorplatz dieser Einsiedelei aus dem 14. Jh. etliche alte Kiefern und Johannisbrotbäume; auch hier bietet sich ein eindrucksvoller Panoramablick; im Süden ist die Insel Cabrera zu sehen.
In der Außenfassade des Klosters ganz links (Majolikatafel mit der Aufschrift "Iglesia") der Zugang zu der jenseits eines kleinen Innenhofes gelegenen Kirche. Im Durchgang zu beiden Seiten Majolikatafeln, auf denen in mallorquinischer Sprache ein kurzer Abriß der Klostergeschichte zu lesen ist. An der Außenfront des Gebäudes rechts (Schrifttafel "Porteria") der Eingang zum klösterlichen Bereich. Zwischen den beiden Eingängen ein Majolikabild des hl. Honorat. Auf dem Kirchenvorplatz steht ein Bildstock, der in einem farbigen Majolikabild Maria mit dem Kinde (Nuestra Señora del Desert, so benannt nach der Einöde des Puig de Randa) sowie zu ihren Seiten Raimundus Lullus und Arnau Desbrull, den Erbauer des Klosters, zeigt.

Mare de Deu de la Cura

Man folgt der Straße weiter aufwärts und erreicht den Gipfel des Puig de Randa. Hier zunächst eine Sendestation; dann der Eingang in den großen Klosterbezirk der Ermita Mare de Deu de la Cura. Sie ist neben dem Kloster Lluch die bedeutendste Wallfahrtsstätte auf Mallorca. Schon im 13. Jh. gegründet, wurde die Ermita durch den Dichter, Theologen und Mystiker Ramón Llull (latinisiert Raimundus Lullus; 1235–1316) zu einem bedeutenden Zentrum des Geisteslebens.

Hinter dem großen Eingangstor, das eine Willkommensinschrift trägt, steht rechts die Kirche; über der in das linke Seitenschiff führenden Türe das Majolikabild der Mare de Deu de la Cura. Der Zugang zum Kircheninneren befindet sich in der Hauptfassade; in der Loggia rechts daneben große Majolikabilder, die von links nach rechts in chronologischer Reihung die Verkündigung Mariä, Mariä Heimsuchung, Geburt Jesu, Anbetung der Könige, Jesus im Tempel, Auferstehung und Krönung Mariä zeigen. Im Kir-

Mallorca, Algaida (Fortsetzung)

cheninneren rechts eine jener in mallorquinischen Kirchen häufigen Bethlehemgrotten (die Figuren sind unterschiedlicher Herkunft).
Nahe bei der Kirche befindet sich eine rechtwinklige Loggia, in der ein neuzeitliches Brunnenbecken mit der Statue des hl. Franziskus von Assisi zu sehen ist. Wie die nahebei an der Mauer befindliche Schrifttafel sagt, hat Raimundus Lullus hier ein Grammatik-Kolleg gegründet, welches sich Colegio de la Cura nannte und wo zwei Jahrhunderte lang die lateinische Sprache gelehrt wurde. In den Räumen des einstigen Kollegs (16. Jh.) ist heute ein Museum eingerichtet; es zeigt Ölgemälde (darunter auch kleinformatige Votivbilder), Meßgewänder, Gebrauchskeramik sowie in Vitrinen Bücher und Schriftstücke (teils mit Bezug auf Raimundus Lullus), ferner Exponate aus dem Missionsgebiet in Peru.
Weiterhin kommt man, den Gebäudekomplex durchquerend, zu einer großen Aussichtsterrasse (hier auch Tische und Bänke unter Bäumen, wo die Pilger sich niederlassen können), wo sich von Süden über Westen nach Norden ein weites Panorama (im Vorblick Palma, halbrechts die Zentralebene und dahinter die Serra de Tramuntana, links im Hintergrund Cabrera) bietet.
Im Kloster sind schöne Glasgemälde mit Szenen aus dem Leben des Raimundus Lullus sowie eine Bibliothek bemerkenswert. Im neuzeitlichen Teil des Klosterkomplexes befindet sich ein Restaurant, wo vor allem Wallfahrer und Reisegruppen verköstigt werden.

## Cap Formentor

Das Cap Formentor bildet die nördlichste Spitze von Mallorca und zugleich den weit ins Meer hinausreichenden nördlichen Abschluß der Badia de Pollença. Das Kap ist das Ende der gleichnamigen Halbinsel, die im Morral eine Höhe von 353 m erreicht.

Ausgangspunkt der hier beschriebenen Fahrt (hin und zurück gut 40 km) ist der kleine einstige Fischerort Port de Pollença (10 000 Einw.), das alte römische Bocchoris. Das Städtchen gruppiert sich um den schönen, großenteils von Sportbooten belebten Hafen; im Osten der von der Punta de la Avançada (Leuchtturm) begrenzten inneren Bucht eine Marinefliegerbasis (Sperrgebiet), an der die Straße zum Kap vorbeiführt. In und bei Port de Pollença gibt es sandige bis kieselige flache Strände, wo u.a. Segel- und Wasserskischulen ihren Standort haben.
Die gut ausgebaute Straße zum Cap Formentor – kurvenreich, aber äußerst lohnend – führt hinter Port de Pollença in nordöstlicher Richtung durch das fast ganz verkarstete Gebirge aufwärts; hier zunächst reizvoller Blick hinunter auf die Bucht von Pollença. Nach ungefähr 6 km kommt man zu einem Bergsattel mit großem Parkplatz. Hier links etwas abseits der Straße der weitläufige Mirador de Mal Pas, eine Kette von Aussichtsterrassen in äußerst kühner Lage über der Steilküste, die hier bis zu 232 m senkrecht zum Meer abfällt. Westlich bemerkt man die Punta de la Troneta, nordöstlich der Küste vorgelagert die kleine Insel Es Colomer. Nahe dem Parkplatz steht ein Denkmal für den Ingenieur Antonio Paretti Coll, der die Straße zum Cabo Formentor gebaut hat. Ein besonders lohnender Abstecher führt vom Mirador de Mal Pas schmal und kurvenreich zu dem hoch auf dem Grat stehenden Talaya de Albercutx, von wo sich ein grandioser Rundblick bietet.
Hinter dem Sattel zieht die Hauptstrecke durch lichte, aber ausgedehnte Kieferngehölze in zahlreichen Serpentinen bergab, wobei sich namentlich nach Norden mehrfach gute Ausblicke öffnen. Bald erblickt man das Hotel Formentor, das an einer schönen Bucht auf der Südseite der Halbinsel liegt und über die an der nun folgenden Abzweigung rechts führende Stichstraße zu erreichen ist.

Hotel Formentor

Das Hotel Formentor wurde im Jahre 1930 von dem Argentinier A. Diehl an der Platja de Formentor gegründet, einem geschätzten Badestrand mit

Mallorca,
Cap Formentor
(Fortsetzung)

großen Parkplätzen, an den die Kiefernwälder unmittelbar heranreichen. Dem Strand ist die kleine Isla Formentor vorgelagert. Das Luxushotel besitzt einen zum Meer hin abfallenden schönen Terrassenpark und bietet vielfältige Freizeit- und Wassersportmöglichkeiten, Schwimmbäder und Privatstrand.

Die Straße zum Kap führt weiter durch die liebliche, schütter bewaldete Talsohle und steigt später wieder an. Man erreicht den untertunnelten Mirador Fumat (ausgezeichneter Rundblick); von der bald danach folgenden Punta Tomás (Hinweisschild und kleiner Parkplatz) gute Sicht über die kleine Bucht auf den Leuchtturm am Cap Formentor.
Die Straße endet nach einem weiteren kurvenreichen Abschnitt unmittelbar unterhalb des Leuchtturmes, der auf dem kahlen Kap steht. Besonders lohnend ist hier der Blick über die stark gegliederte, zerklüftete Nordküste der Halbinsel. Am Parkplatz ein kleiner Erfrischungskiosk; der Leuchtturm und seine Plattform sind nicht zugänglich.

## Cala Pí

Das Urbanisationsgebiet Cala Pí, mit dem Ort Valgornera zusammengewachsen, liegt ungefähr in der Mitte der mallorquinischen Südküste, ziemlich genau südlich von Llucmajor. Von Palma kann man auch auf der über S'Arenal, Cala Blava und das Cap Blanc führenden küstennahen Straße (ca. 35 km) hierher gelangen. Die vom Landesinneren an der prähistorischen Siedlung Capicorp Vey (s. unten) vorbei nach Cala Pí führende Stichstraße durchschneidet ein Sperrgebiet und endet im Bereich der weitläufigen Urbanisation. Von hier führen Treppen hinab zu der fjordartig zwischen hohen Felsen eingeschnittenen Bucht, die mit ihrem kristallklaren Wasser auch von oben einen phantastischen Anblick bietet. Die Bucht bildet einen ausgezeichnet geschützten Naturhafen; unten ein kleiner Slip für Fischerboote sowie einige Bootsschuppen. Es gibt hier auch einen guten Sandstrand; außerhalb der Bucht jedoch sind die Bademöglichkeiten wegen der Steilküste minimal.
Auf der Landspitze links der Buchtmündung steht der Stumpf eines alten Wachtturms; man hat einen guten Blick auf die Insel Cabrera.
Die um die Bucht entstandene Urbanisation, die noch immer im Wachsen begriffen ist, zeigt jenen an maurischen Vorbildern geschulten Baustil, der sich mit seinen geringen Gebäudehöhen besonders gut in die Landschaft einfügt. Weiter nach Osten hin stehen nahe der Steilküste viele luxuriöse Ferienvillen.

## Sa Calobra

Die 'sa Calobra' ('die Schlange') genannte Serpentinenstraße verbindet die an der Nordflanke der Serra de Tramuntana Straße Pollença–Sóller mit der Cala de sa Calobra. Man verläßt die Durchgangsstraße unweit östlich des Gorch Blau und folgt der sehr gut ausgebauten, aber fahrerisch recht anspruchsvollen Serpentinenstrecke durch stark verkarstete Berglandschaft; im ersten Teil durchfährt man den 'Nus de la Corbeta' (= 'Krawattenknoten'), eine Kehre von 270 Grad, deren unterer Ast unter dem oberen hindurchführt. Besonders eindrucksvoll sind die vielen Felslabyrinthe und großen Monolithen, die häufig von senkrechten Erosionsrinnen durchzogen und zu bizarren Figuren geformt sind. Zu den bekanntesten Punkten der Strecke gehört die zwischen hohen Felswänden eingezwängte Engstelle 'Cavall Bernat' (wechselnder Einbahnverkehr); unmittelbar davor ein Aussichtspunkt, von dem man zu der felsigen Bucht hinabsieht.
Die Cala de sa Calobra ist eine steilwandige Bucht; hier gibt es ein Restaurant und einige kleine Bars, die nur während der Saison geöffnet sind. Eine kurze Fahrstraße geht hier nach rechts und endet an einem Parkplatz mit Kiosk. Von dort sind es noch etwa 5 Minuten zu Fuß zu der engen Fels-

Mallorca, Sa Calobra (Fortsetzung)

schlucht des Torrent de Pareis, dessen Landschaftsbild zu den bekanntesten von Mallorca gehört.
Nahe dem unteren Ende der Straße zweigt links die Zufahrt zu der neuen Urbanisation Cala Tuent an der gleichnamigen Bucht ab. Durch die senkrecht aufragenden Felswände sind Tunnels geschlagen; im ersten zwei Fensterdurchbrüche. Dann teilt sich der Pfad: links hinunter zum Wasser; geradeaus in einen zweiten, längeren Tunnel, der eine natürliche Höhle nutzt (an den Wänden Tropfsteine und Sinterbildungen). Dann tritt man hinaus in das breite Bachbett des Torrent de Pareis. Der Mündungsbereich wird von einem weiten, runden Felskessel gebildet, wo südlich die Klamm des Baches einmündet und nördlich hinter einer Schotterbank und zwischen senkrechten Felswänden das Meer sichtbar wird (besonders reizvoll im Sommer gegen Sonnenuntergang). Gelegentlich werden hier Freilichtkonzerte veranstaltet. Der Felskessel wird sehr häufig als Picknickplatz aufgesucht, was leider erhebliche Spuren hinterläßt.

## Esporles

La Granja

Die kleine Ortschaft Esporles liegt rund 15 km nordwestlich von Palma in der Serra de Tramuntana. Der einstige Herrensitz La Granja (= Gutshof), ein stattliches altes Anwesen, liegt rund 1,5 km westlich von Esporles in einem waldigen Tal. Schon zur Maurenzeit war das Landgut bekannt, gelangte dann durch Schenkung in den Besitz der Zisterzienser und fiel schließlich an die Familie Fortuny, der es noch gehört. Heute ist La Granja zur Besichtigung freigegeben; der Komplex ist noch weitgehend unrestauriert und vermittelt gerade dadurch einen Eindruck von Authentizität und Ursprünglichkeit. Viele Räume sind so erhalten, wie sie bis vor wenigen Jahren noch täglich genutzt wurden.
Die Besichtigung beginnt auf dem großen platanenbestandenen Vorplatz (hier auch begrenzt Parkmöglichkeit), wo sich ein Musikantendenkmal, altertümliche Töpfer- und Drechslerwerkstatt und die Kasse befinden sowie Kostproben örtlicher Spezialitäten (süßes Gebäck, gepreßtes Feigenmark mit Mandeln u.a.) und Weine zu bekommen sind. Der Besichtigungsrundgang ist ausgeschildert.
Anfangs folgt man der aufwärts führenden Rampe; hier in verschiedenen Räumen außerhalb des eigentlichen Wohnbezirkes bäuerliches Gerät (Zugtiergeschirr, Weinpresse u.a.). Man geht zunächst außen um die Granja herum, dann oberhalb der Gebäudegruppe in den Renaissancegarten, dessen Bewässerungskanäle noch zu sehen, aber nicht mehr in Betrieb sind.
Dann betritt man das Innere des Hauptgebäudes. Hier im ersten Raum etliche Gemälde sowie eine kleine Theaterbühne. In den folgenden weitgehend noch im Originalzustand erhaltenen Räumen hübsche Glas- und Majolikaleuchter. Dann tritt man hinaus auf die Renaissanceloggia, die den Innenhof talwärts begrenzt. Ein Bergbach speist die hier unterhalb befindlichen Wasserspiele. Von der Loggia dann links in die verglaste Galerie, wo an den Wänden schöne bemalte Majoliken, großenteils mit Alltagsszenen, zu sehen sind. Bemerkenswert ist die teils mit Kacheln ausgekleidete Küche, in der einige schöne Gebrauchsgläser stehen. Anstoßend die Backstube; auch hier an der Wand schöne Majoliken. Im Vorraum, der wieder nach draußen führt, einige Keramiken für den täglichen Gebrauch; die großen durchlöcherten Krüge dienten zum Aufbewahren von Zwiebeln.
Dann geht man hinab und zum Vorhof zurück. Auf dessen Niveau führt ein Torbogen hinein in den Patio, den Innenhof, wie er den meisten mallorquinischen Häusern eigen ist; hier rechts im Durchgang die einstige Hauskapelle mit Majolika-Fußboden. Dahinter rechts die einstige Korbflechterwerkstatt, dann die Molkerei und Brennerei (mit einer alten Destillierblase zum Bereiten von Schnaps und mit Weinpresse, Bütten und Fässern; anschließend ein kleines alchimistisches Labor).
Es folgt das große Quetschwerk der Ölmühle (einige Schrifttafeln erklären die Geräte, ihre Funktion und Verwendung). Jenseits einiger kleiner Lager-

Mallorca, Esporles (Fortsetzung)

räume betritt man über eine abwärts führende Rampe wieder den Innenhof. An diesen grenzen weitere Werkstätten, in denen weichere und feinere Flechtarbeiten gefertigt wurden (Stuhlpolster, weiche Körbe), sowie Seilerei und Garnspinnerei. An Gerätschaften sind Stickrahmen und Musterschablonen sowie eine Drechselbank zu nennen.
In den nächsten Räumen steht eine ganze Anzahl von Webstühlen verschiedener Größe, an der Wand Teppiche und Stickereien. Hier ist der teils gemauerte Wandschrank mit seiner Majolikaverkleidung in Blau, Gelb und Weiß zu beachten.
Dann tritt man auf die Terrasse, von der aus die zuvor genannten Wasserspiele zu überblicken sind. Ein kurzer Fußweg folgt hier dem Bach aufwärts, überquert ihn und führt zu einigen Freigehegen mit Schafen, Ziegen u.a. sowie einer kleinen Voliere mit einheimischen Vögeln. Zurück über den Bach kommt man zum Untergeschoß des Gutshofes, das man durch einen Küchenraum betritt. Im nächsten Raum interessant eine offene Feuerstelle, die rings von Sitzbänken eingefaßt ist. Es folgt eine Reihe von spitzbogigen Kellergewölben (Flaschenlager, große Vorratsräume, an den Wänden alte Blankwaffen). Aus dem Kellergeschoß tritt man hinaus auf das Niveau des großen Wasserbeckens mit der Fontäne. Eine kurze Treppe führt zurück zum Vorhof.

## Estallencs

Der kleine Ort Estallencs liegt weit im Westen von Mallorca, an der stark gegliederten Nordküste, an der von Andratx nach Esporles führenden, kurvenreichen Küstenstraße. Der Ort zieht sich ein gutes Stück oberhalb der Küste an der steilen Bergflanke hinan. Östlich über dem Ort erhebt sich der 1026 m hohe Galatzó (Ersteigung mit Führer). Beiderseits des Ortes sind Terrassenkulturen angelegt, auf denen vorzugsweise Tomaten angebaut werden. Mit seinen schmalen, verwinkelten Gassen ist der kleine Ort noch richtig altertümlich und malerisch; bemerkenswert sind die Pfarrkirche (Sant Joan Baptista; 1422 erbaut und im 17. Jh. erneuert) und der daran anstoßende alte Wehrturm.

Ein steiler und schmaler Fahrweg zieht kurvenreich hinab zu einer felsigen Bucht, welche für kleinere Fischerboote Anlegemöglichkeit bietet. Hier gibt es ein paar kleine Bars, die nur in der Saison geöffnet sind. Da der Fahrweg nur wenige Ausweichmöglichkeiten bietet, sollte man in der Hauptreisezeit lieber zu Fuß zur Bucht hinuntergehen. Einen besonders hübschen Blick auf Estallencs hat man vom Coll d'es Pi, unweit westlich jenseits des Tals (mit Restaurant).

Mirador de Ricardo Roca

Der 6 km südwestlich von Estallencs gelegene Mirador de Ricardo Roca gehört zu den eindrucksvollsten Aussichtspunkten der Nordwestküste. Hinter dem kurzen Tunnel, der den Felssporn unterquert, folgt an der Bergseite (links) ein Parkplatz. Ein Stufenweg führt zum Aussichtspunkt mit den Resten eines Wehrturms, rund vierhundert Meter über dem Meer gelegen. Der Blick nach beiden Seiten über die schroffe, stark gegliederte Küste und das oft stark bewegte Meer ist überwältigend.

## Porto Cristo

Das freundliche Hafenstädtchen Porto Cristo liegt in der Mitte der mallorquinischen Ostküste, 60 km von Palma entfernt. Das Zentrum von Porto Cristo liegt abseits der Durchgangsstraßen und ist mit diesen durch eine sehr schöne Allee alter Kiefern verbunden. Der Hafen ist besonders gut geschützt; an der Mole ein Bürgerkriegsehrenmal, weiter seewärts ein Wachtturm aus dem 17. Jh.; nahebei die kleine Cova des Colóms. In der Nähe des Hafens gibt es einen schmalen feinsandigen Strand, an der Hafenpromenade einige Restaurants.

Mallorca, Coves del Drach

Die Coves del Drach (= Drachenhöhlen), ein 1896 von dem französischen Speläologen Edouard Martel erforschtes Höhlensystem, gehören zu den bedeutendsten Sehenswürdigkeiten von Mallorca. Die aus vier Hallen bestehende Höhle besitzt phantastische Tropfsteine und einen großen See.
Die Zufahrt zu den rund 1,5 km südlich des Orts gelegenen Höhlen ist gut ausgeschildert. Unter Kiefern gibt es einen großen Parkplatz; hier u.a. ein Restaurant, Andenkenläden und die Kasse. Der Höhleneingang (von hier hübscher Blick auf das Meer) befindet sich etwas einwärts in dem parkähnlichen Gelände. Über steile Treppen geht es abwärts; seitlich führen große Hohlräume weiter nach unten. Zunächst erreicht man das 'Bad der Diana', einen bis 3 m tiefen Höhlensee; an der Decke zahlreiche dichtstehende Tropfsteine. Dann links die sogenannte 'Verzauberte Stadt' mit einer mächtigen Tropfsteingruppe in der Mitte. Kürzere Stalaktiten hängen auch hier dicht an dicht von der Decke. Dann führt der betonierte Weg direkt an einer reinweißen Tropfsteinformation vorbei, die 'Muntanya de Neu' (Schneeberg) genannt wird. Als nächstes folgt der weiträumige sogenannte 'Säulensaal'; auch hier in der Mitte eine große Sinterkonkretion. Links in einiger Entfernung ist mit etwas Phantasie eine Buddhafigur zu erkennen. Dann, gleichfalls links, der 'Blaue Kanal' mit etwa 5 m Tiefe. Die weiteren Tropfsteingruppen ähneln Kerzen; an manchen durchlaufenden Säulen bemerkt man horizontale Bruchspuren, die auf frühere Erdbewegungen hindeuten. Nun betritt man die riesige Halle, in der sich der Lago Martel (Martel-See, benannt nach dem Erforscher der Höhle) befindet. Er liegt 39 m unter der Erdoberfläche, ist 177 m lang und bis 40 m breit bei einer Tiefe von 29 m. Das Wasser hat eine konstante Temperatur von ca. 18–20 °C und ist durch Meerwasserinfiltration leicht salzhaltig. Hier wird im Rahmen der Führung ein von phantasievollen Lichteffekten begleitetes Seekonzert veranstaltet. Danach folgt man dem See an seinem rechten Ufer (man kann sich auch mit dem Boot eine Strecke weit rudern lassen) und erreicht über Treppenwege den Höhlenausgang, der nahe bei dem eingangs erwähnten Restaurant liegt.

Nahe beim Parkplatz befindet sich das Aquarium, eine zweistöckige Anlage mit Süß- und Salzwasserbecken (Mittelmeerfauna).

Coves dels Hams

Knapp 2 km westlich von Porto Cristo befinden sich die Coves dels Hams (= Höhlen der Angelhaken; so benannt nach den hakenähnlich geformten Tropfsteinen). Das auf 350 m Länge erschlossene Höhlensystem wurde von einem unterirdischen Flußlauf gebildet. Der Höhleneingang (mit Parkplatz) befindet sich etwas südlich abseits der Straße nach Manacor (Hinweisschilder). Hier auch ein Selbstbedienungsrestaurant.
Die Tropfsteine wachsen in 30 Jahren um rund einen Zentimeter; die unterschiedliche Färbung des Gesteins rührt von der Beimengung von Eisen- bzw. Kupfersalzen her. Im Höhleninneren herrscht eine annähernd konstante Temperatur von rund 20 °C. Theatralische Effekte ergeben sich durch farbige künstliche Beleuchtung der Grotte. In 30 m Tiefe kommt man zu einem unterirdischen See (genannt 'See von Venedig'), der durch Kanäle im Gestein mit dem Meer in Verbindung steht und dessen Wasser daher einen Salzgehalt von rund 2 Prozent hat. Ähnlich wie in den Covas del Drach (s. zuvor) gibt es hier ein kleines Seekonzert. Die nächste Halle heißt 'Verlorenes Paradies'; reinweiße Sinterformationen erinnern entfernt an eine versteinerte Stadt. Ganz hinten oben ist hier mit etwas Phantasie ein Schloß zu erkennen; vorne rechts ein Tropfstein, welcher der berühmten Madonna vom Montserrat (Provinz Barcelona, auf dem spanischen Festland) ähnelt. In der nächsten Halle rechts eine 'Weihnachtskrippe'; die hier von der Decke hängenden Tropfsteine sind innen hohl und führen im Winter reichlich Wasser. Die durchgehenden Tropfsteine in diesem Teil der Höhle sind alle quer durchgebrochen, was (wie in den Covas del Drach) auf tektonische Bewegungen in früherer Zeit schließen läßt. Der nächste Raum, 'Engelstraum' genannt, birgt die berühmten Excentriques: Tropfsteine, die unter scheinbarer Ausschaltung der Schwerkraft in alle erdenklichen Richtungen wachsen und hier insbesondere an Angelhaken (mall.

Mallorca, Coves dels Hams (Fortsetzung)

hams) erinnern, was der Höhle zu ihrem Namen verholfen hat. Wegen ihrer filigranen Zartheit und großen Dichte sind sie besonders eindrucksvoll. In der letzten für die Besichtigung erschlossenen Halle bemerkt man links Tropfsteine, die aussehen wie eine Gruppe von Elefanten.

## Valldemossa

Das freundliche Bergstädtchen Valldemossa im fruchtbaren gleichnamigen Tal liegt etwa 15 km nördlich von Palma in der Serra de Tramuntana. Es wird als Luftkurort und Tourenstützpunkt geschätzt.

Kartause

Die Kartause wurde 1399 an der Stelle eines Alcazar errichtet; die heutigen Klostergebäude stammen aus dem 17./18. Jahrhundert. Hier verbrachte Frédéric Chopin mit seiner Dichtergefährtin George Sand den Winter 1838/1839, und hier komponierte er u.a. das "Regentropfenprélude". George Sand hat die Eindrücke jenes Aufenthaltes in ihrem Buch "Un Hiver à Majorque" niedergelegt; das Werk wurde allerdings erst 1842 verfaßt und ist insofern keine unmittelbare Schilderung. Zudem kommt – von wenigen Passagen abgesehen – Mallorca samt seinen Bewohnern hier ziemlich schlecht weg.

Die Klosterkirche ist ein großflächiger, blockhafter Bau; das einstige Hauptportal mit seinem großen Rundbogen ist zugemauert, darüber eine Fensterrose; der Giebel stammt aus dem Barock. Vor der Hauptfassade und der rechten Langhauswand liegt ein von Platanen beschatteter Platz. Man betritt die Klosterkirche durch das Portal in der rechten Langhauswand (Eintrittskarten für Kirche und Kloster außerhalb erhältlich). An der rechten Seite der Pforte eine farbige Majolikatafel mit Bild und der mallorquinischen Inschrift "Heilige Catalina Thomás, bitte für uns". Das recht düstere Kircheninnere ist einschiffig mit kurzem Querhaus; die Innenausstattung ist hoch- bis spätbarock. Links vom Altarbereich kommt man in die Sakristei, wo alte reichgestickte Meßgewänder, Meßbücher und Paramente zu sehen sind. In die Wand eingelassen ein Weihbrunnen (Einlegearbeit in verschiedenfarbigem Marmor, in der Mitte das Christusmonogramm IHS).

Durch den linken Querhausarm der Kirche tritt man in den etwas verwilderten, aber mit seinen alten Bäumen recht stimmungsvollen Kreuzgang und kommt, parallel zur linken Langhauswand, in die einstige Apotheke. Hier besonders bemerkenswert die alten Gefäße (teils Glas, teils Majolika; kunstvoll gearbeitet und bemalt). Im anstoßenden Raum ein kleiner Andenkenladen. Nun gelangt man, weiter dem Kreuzgang folgend, zu den einstigen Mönchszellen; Schrifttafeln an den Wänden (auch in deutscher Sprache) erklären Bestimmung und Ausstattung der einzelnen Räume sowie die wichtigsten Details der Ordensregel. Zuerst betritt man die Celda Prioral, die Zelle des Priors, zu der auch die kleine Kapelle mit der polychromen Holzplastik der Muttergottes gehört. Hier hörte Gaspar Melchior de Jovellanos während seiner Gefangenschaft im Jahre 1801 täglich die Messe (Gedenktafel). Hier befindet sich auch eine kleine Sammlung mit Andenken an die 'Inselheilige' Catalina Thomás, die in Valldemossa geboren wurde (ihr Geburtshaus am Carrer Rectoria). Danach die Bibliothek, ein stimmungsvoller überwölbter Raum, an dessen Wänden rings Regale stehen. Beachtung verdient das Elfenbein-Triptychon (an der Wand rechts der Gartentüre). Es folgt der Audienzsaal, an dessen Wänden zahlreiche Bilder (17./18. Jh.) hängen. Auch die seinerzeit von Frédéric Chopin und George Sand bewohnten Räume sind zu besichtigen. Sie enthalten eine große Zahl von Erinnerungsstücken, darunter das Klavier, das – wie in George Sands Buch nachzulesen – unter großen Mühen aus Frankreich herbeigeschafft worden war. Von den kleinen ummauerten Gärtchen vor den Zellen bietet sich ein zauberhafter Ausblick nach Süden in das Tal.

Das Museu Municipal ist gleichfalls im einstigen Kloster zu finden. Bemerkenswert hier die vielen Druckstöcke und die reichhaltige Sammlung zu Leben und Werk von Erzherzog Ludwig Salvator, u.a. das siebenbändige Werk "Die Balearen", das noch heute ein bedeutendes Kompendium ist.

Im Obergeschoß des Kreuzgangs ist seit einiger Zeit ein Museum moderner Malerei eingerichtet, das Werke der klassischen Moderne (Mirò, Picasso, Tàpies, Moore u.a.) zeigt.

Ausflugsfahrten, Mallorca (Fortsetzung)

Palau del Rey Sancho

Aus dem Kreuzgang tritt man bei der Zelle des Priors (s. zuvor) hinaus auf den Kirchenvorplatz. Hier führt die zweite Tür auf der rechten Seite zum Palast des Königs Sancho, einer prunkhaften, sehr stimmungsvollen Anlage. Ursprünglich hatte sich die Kartause aus diesem Anwesen entwickelt, die um die Mitte des 14. Jh.s entstanden war und zweihundert Jahre später zum Schutz gegen die sich häufenden Piratenüberfälle einen starken Wehrturm erhielt. Heute werden hier von Zeit zu Zeit traditionelle Volkstänze vorgeführt.

Sant Bartolomeu

Östlich der Kartause und etwas tiefer am Hang steht die Pfarrkirche (Sant Bartolomeu), in ihrer heutigen Form aus dem 15. Jh., jedoch danach öfter verändert. Im Inneren eine marmorne Statue der Inselheiligen Catalina Thomás sowie einige Gemälde mit Szenen aus ihrem Leben. Unweit nördlich der Pfarrkirche und direkt nebem dem Pfarrhaus (Rectoria) steht das Gebäude, in dem die Heilige geboren wurde und das man später in eine kleine Andachtsstätte verwandelt hat.

Son Moragues

Unweit westlich vom Ort, an der Straße nach Port de Valldemossa (s. unten), steht das Landgut Son Moragues, das einst zu den Besitztümern des Erzherzogs Ludwig Salvator gehörte.

Port de Valldemossa

Wer ausgesprochen enge und kurvenreiche einspurige Bergstraßen nicht scheut, sollte unbedingt den Abstecher zum Port de Valldemossa machen. Vorbei am Landgut Son Mas gelangt man in zahlreichen Serpentinen, mit grandiosen Ausblicken, zu dem kleinen Fischerort am Fuße steiler bewaldeter Berghänge. Hier gibt es noch keinerlei touristische Infrastruktur; das Wasser ist unglaublich klar, der kurze Strand grobkieselig.

## Auskunft

in Deutschland

Spanisches Fremdenverkehrsamt
Myliusstr. 14
D-60079 Frankfurt/Main
Tel. (0 69) 72 50 33 und 72 50 38, Fax 72 53 13

Postfach 15 19 40
D-80051 München
Tel. (0 89) 5 38 90 75

Grafenberger Allee 100 (Kutscherhaus)
D-40237 Düsseldorf
Tel. (02 11) 6 80 39 85 und 6 80 39 86

Kurfürstendamm 180
D-10707 Berlin
Tel. (0 30) 8 82 65 43, Fax 8 82 66 61

in Österreich

Spanisches Fremdenverkehrsamt
Walfischgasse 8
A-1010 Wien
Tel. (1) 5 12 95 80, Fax 5 12 95 81

in der Schweiz

Spanisches Fremdenverkehrsamt
Seefeldstr. 10
CH-8008 Zürich
Tel. (01) 2 52 79 31, Fax 2 52 62 04

Auskunft in der Schweiz (Fortsetzung)

Office National Espagnol du Tourisme
Boulevard Helvétique 40
CH-1207 Genève (Genf)
Tel. (0 22) 35 95 94, Fax 7 36 67 66

auf Ibiza

Oficina de Informació de Turisme
Passeig Vara de Rey 13
E-07800 Eivissa
Tel. (9 71) 30 19 00, Fax 30 15 62

Oficina Municipal de Turisme
Carrer Mariano Riquer Wallis
E-07800 Santa Eularia des Riu
Tel. (9 71) 33 07 28

Foment de Turisme d'Eivissa
Carrer Historiador José Clapés 4
E-07800 Eivissa
Tel. (9 71) 30 24 90

auf Formentera

Oficina Municipal de Turisme
Ajuntament (Rathaus)
E-07800 Sant Francesc de Formentera
Tel. (9 71) 32 00 32

## Ausweispapiere

→ Reisedokumente

## Autofähren

→ Anreise
→ Verkehrsmittel intrainsulär

## Badebetrieb

→ Wassersport

## Bootstourismus

→ Sporthäfen und Ankerplätze

## Camping

Auf Ibiza gibt es drei offizielle Campingplätze. Zwei davon befinden sich bei San Antoni de Portmany (davon einer, an der Cala Bassa, unter deutscher Leitung), einer bei Santa Eulària des Riu. Da insgesamt nur rund 350 Stellplätze zur Verfügung stehen, ist rechtzeitige Buchung vor allem für die Hauptreisezeit unerläßlich. In Spanien ist außerhalb von Campingplätzen nur einmaliges Übernachten an ein und derselben Stelle (ausschließlich auf Straßen, Park- oder Rastplätzen) gestattet; somit hat es ohne Reservierung kaum Sinn, für Ibiza einen Campingurlaub zu planen – ganz abgesehen von dem erheblichen Zeitaufwand für die Anreise zu den Festlandhäfen der Autofähren.

Camping (Fortsetzung)

Auf Formentera ist Camping offiziell nicht gestattet.

## Devisen

→ Geld

## Diplomatische und konsularische Vertretungen

### Botschaften

Bundesrepublik Deutschland

Calle de Fortuny 8
E-28010 Madrid
Tel. (91) 5 57 90 00, Fax 5 57 90 01

Republik Österreich

Paseo de la Castellana 91
E-280046 Madrid
Tel. (91) 5 56 53 15, Fax 4 97 35 79

Schweizerische Eidgenossenschaft

Calle Nuñez de Balboa 35-7
E-28001 Madrid
Tel. (91) 4 31 34 00

### Konsulate

Bundesrepublik Deutschland

Carrer d'Antoni Jaume 2-2°–92
E-07800 Eivissa
Tel. (9 71) 31 57 63

Republik Österreich

Carrer Sant Miquel 36-6
E- 07002 Ciutat (Palma de Mallorca)
Tel. (9 71) 72 37 33, Fax 46 11 51

Schweizerische Eidgenossenschaft

Passeig de Mallorca 24
E-07012 Ciutat (Palma de Mallorca)
Tel. (9 71) 71 25 20 und 71 49 72

## Einkaufen

Mode

In allererster Linie sind die Erzeugnisse der auf Ibiza tätigen Modeschöpfer zu nennen. Die Palette umfaßt exklusive Kreationen der Haute Couture ebenso wie lässige, saloppe Kleidung mit Pfiff. Die unkonventionelle sogenannte Adlib-Mode (von lateinisch 'ad libitum' = 'nach Gefallen'), ursprünglich auf Ibiza entstanden, ist international zu einem Begriff geworden. Eine wichtige Ergänzung bieten die Lederwaren, die für alle Baleareninseln einen einträglichen Wirtschaftszweig darstellen.

Lederwaren

Bei Lederwaren lohnt sich ein sorgfältiger Preisvergleich; Schuhe sind in der Regel kaum billiger als die in großen deutschen Ladenketten angebotene Ware, die ohnedies großenteils aus Spanien importiert ist. Auch bei Lederkleidung sollte man sich für den Einkauf Zeit nehmen und die Qualität sorgfältig prüfen. Günstige Angebote gibt es durchaus, aber generell hat hochwertige Ware auch in Spanien ihren Preis.

*Die Adlib-Mode ist berühmt*

*Typische Pityusen-Keramik*

Weitere beliebte Souvenirs sind Erzeugnisse der heimischen Keramik- und Glasmanufakturen. Gewiß gibt es in den Andenkengeschäften überwiegend Massenware von fragwürdigem Geschmack; wer aber sucht, findet schöne Einzelstücke. Leider setzt bei Glas und Keramik das Fluggepäck Grenzen; auch ist die Bruchgefahr bei dem oft rauhen Umgang mit Passagiergepäck nicht gering.

Einkaufen (Fortsetzung), Glas Keramik

In Spanien gibt es gute und preiswerte Spirituosen; in erster Linie ist der Brandy zu nennen, ein dem Cognac ähnelndes Destillat aus Wein, aber fruchtiger im Geschmack und von fülligerem Bukett als sein französisches Pendant. Zu den besten Marken zählen Cardenal Mendoza, Lepanto, Duque de Alba u.a.; die billigeren Sorten wie Veterano Osborne oder Carlos III. sind auch in deutschen Läden erhältlich. Bekömmlich ist der "Hierbas" (= Kräuter) genannte Likör, den es in den Geschmacksrichtungen 'dulce' (süß) und 'seca' (trocken) gibt. Schließlich ist noch der in ganz Spanien verbreitete Anislikör zu erwähnen. Eine Besonderheit der Pityusen ist der "Palo", ein dunkler Likör aus den Früchten des Johannisbrotbaumes.

Spirituosen

In reicher Auswahl werden kandierte Früchte angeboten. Ein weiteres typisches Mitbringsel sind die eigentlich aus Mallorca stammenden Ensaimadas, ein süßes Hefeteiggebäck, das es in veschiedenen Größen gibt (→ Essen und Trinken, typische Gerichte).

Süßigkeiten

# Essen und Trinken

## Typische Gerichte

Die Sobrasada ist eine rote gepfefferte Schweinswurst, die auch in gebratenen Scheiben auf Ensaimadas (s. unten) gelegt oder mit Honig auf großen Brötchen gegessen wird. Butifarrones sind eine andere Wurstspezialität. Unter Tumbet versteht man einen mit Tomatensoße übergossenen Auflauf aus in Öl gedünsteten Kartoffeln, Auberginen, Paprikaschoten und Kürbis. Das Gericht wird in einer tönernen Kasserolle, der 'Greixonera', zubereitet und serviert, von der auch einige andere charakteristische Speisen ihren Namen haben, z.B. Greixonera de Peix, eine beliebte Fischsuppe; Greixonera d'Auberginies, überbackene Auberginen; Greixonera de Frare, Auflauf aus Gemüsen, Hackfleisch und Würsten; Greixonera de Peus de Porc, mit Käse und Brotkrumen überbackene Schweinsfüße; Greixonera d'Anguila, ein schmackhaftes Aalgericht.

Auch ganz einfache bäuerliche Gerichte können sehr wohlschmeckend sein, z.B. Pa amb oli, mit Öl beträufeltes Brot, in verfeinerter Form mit Tomaten und Schinken belegt, oder der Trempó, ein erfrischender Salat, den sich die Bauern zum zweiten Frühstück (berenda) aus Tomaten, grünem Paprika, Zwiebeln, Äpfeln und Birnen sowie am Grabenrand gepflücktem Portulak bereiten.
Zu Weihnachten gibt es Escaldums de pollastre, ein besonderes Geflügelfrikassee, und die Salsa de Nadal, eine mit Mandeln, Honig, Ei, Pfeffer und Zimt bereitete Brühe.

Überall angeboten wird die Paella. Sie stammt eigentlich aus der Provinz Valencia auf dem spanischen Festland, hat sich aber inzwischen zu einem Standard- und leider oft auch Allerweltsgericht entwickelt. Sie besteht im Prinzip aus mit Safran gelb gefärbtem Reis, allerlei Gemüsen, Fleisch sowie verschiedenen Meeresfrüchten (Garnelen, Muscheln u.a.).

Eine Spezialität der Balearen sind die Ensaimadas, unter Verwendung von Schweineschmalz (saim) bereitete Hefeteigschnecken, die es von handtellergroßem Frühstücksgebäck bis zur Größe eines Wagenrades (auch gefüllt) gibt.

Süßspeisen

Süßspeisen (Fortsetzung)

An Süßspeisen findet man neben den Ensaimadas am häufigsten den Flaó (span. flan), eine Art süßen Puddings, sowie den Menjar blanc, eine Milchspeise, und die Coques und Rosquilies genannten Gebäckarten.

Fischgerichte

In den Küstenorten stehen auf der Speisekarte meist auch mehrere schmackhafte Fischgerichte sowie Garnelen (gambas) und Tintenfisch (calamar), zuweilen auch Langusten (lagostas). Da die Fischgründe im Bereich der Balearen nicht sehr ergiebig sind, können Fischgerichte etwas kostspieliger sein.

Bars

Früher war es üblich, daß man in den Bars (diese sind in ihrer Art entfernt mit unseren Eckkneipen vergleichbar, jedoch nicht das, was man sich hierzulande unter einer Bar vorstellt), Tavernas und Bodegas (letztere ursprünglich Weinhandlungen, jetzt eher Trinklokale; auf den Balearen auch Celler genannt) zu jedem Glas Wein einen kleinen Leckerbissen, die sogenannte Tapa ('Deckel', da das Tellerchen das Weinglas bedeckte) serviert bekam. Heute werden diese Appetithappen meist getrennt berechnet, und es kann leicht vorkommen, daß ihr Preis den einer warmen Mahlzeit übersteigt.

Cafés

Während die Cafés auf dem Festland vorwiegend von Männern besucht werden, die dort oft auch ihre Geschäfte abwickeln, sind die Straßencafés der balearischen Ferienorte auf Touristen eingestellt, was sich allerdings während der Saison in erhöhten Preisen bemerkbar macht. Zum Café solo (schwarzer Espresso) oder Café con leche (Milchkaffee) versuche man ein Glas Hierbas (Kräuterlikör; dulce = süß oder seca = trocken) oder Palo, einen dunkelbraunen Likör aus Johannisbrot.

## Getränke

Wein

Da die charakteristische Zubereitung der Speisen mit Olivenöl die Kost für Mitteleuropäer bisweilen etwas schwer verdaulich macht, empfiehlt es sich, wie die Spanier zu den Mahlzeiten Wein, ggf. mit Wasser oder Mineralwasser (agua mineral; con gas = mit Kohlensäure, sin gas = still) verdünnt, zu trinken. Die guten einheimischen Weine (span. vino del país) bekommt man nur noch selten; meist werden in den Lokalen Weine aus dem nordwestspanischen Anbaugebiet Rioja angeboten.

Sangría

Sehr beliebt ist die Sangría, eine erfrischende Mischung aus Rotwein, Brandy, Mineralwasser, Orangen- und Zitronensaft mit Frucht- und Eiswürfeln. Jeder Barkeeper hat sein eigenes Rezept, und je nach Art und Mengenverhältnis der Bestandteile kann die Wirkung angenehm bis teuflisch sein – zumal sich die Sangría wesentlich zügiger trinkt als Wein pur.

Horchata

Ein verbreitetes Erfrischungsgetränk ist die Horchata, aus Erdmandeln (chufas) oder echten Mandeln, Limonade, Eiswasser u.a. bereitet.

## Kleines kulinarisches Wörterbuch

Hinweis

Da die Speisenkarte meist nicht in Katalanisch, sondern in Castellano geschrieben ist, werden in diesem Kapitel – abweichend von der sonst in diesem Buch eingehaltenen Systematik – die spanischen Begriffe verwendet.

Bezeichnungen für das Tischgerät

| | |
|---|---|
| Gedeck, Besteck | cubierto |
| Löffel | cuchara |
| Teelöffel | cucharita |
| Messer | cuchillo |
| Gabel | tenedor |
| Teller | plato |

| | | |
|---|---|---|
| Tasse | taza | Tischgerät (Fortsetzung) |
| Serviette | servilleta | |
| Korkenzieher | sacacorchos | |
| Frühstück | desayuno | Mahlzeiten |
| Mittagessen | comida | |
| Abendessen | cena | |
| aceitunas | Oliven | Vorspeisen (entremeses) |
| ensalada | Salat | |
| ostras | Austern | |
| anchoas | Sardellen | |
| sardinas | Sardinen | |
| rábanos | Radieschen | |
| jamón | Schinken (jamón serrano: luftgetrockneter Bergschinken) | |
| mantequilla | Butter | |
| pan | Brot | |
| panecillo | Brötchen | |
| sopa de legumbres | Gemüsesuppe | Suppen (sopas) |
| sopa de guisante | Erbsensuppe | |
| sopa de lentejas | Linsensuppe | |
| sopa de tomates | Tomatensuppe | |
| sopa de fideos | Nudelsuppe | |
| sopa de arroz | Reissuppe | |
| sopa pescado | Fischsuppe | |
| caldo, consomé | Fleischbrühe | |
| gazpacho | kalte Gemüsesuppe | |
| huevo | Ei (crudo = roh; duro = hartgekocht; pasado por agua = weichgekocht) | Eierspeisen (platos de huevos) |
| tortilla | Omelette | |
| huevos revueltos | Rühreier | |
| huevos frites (al plato) | Spiegeleier | |
| huevos con tomate | Eier mit Tomaten gebraten | |
| frito | gebacken | Fisch und Meeresfrüchte (pescado y mariscos) |
| asado | gebraten | |
| a la plancha | auf heißer Eisenplatte gebraten | |
| cocido | gekocht | |
| ahumado | geräuchert | |
| anguilla | Aal | |
| arenque | Hering | |
| atún | Thunfisch | |
| bacalao | Stockfisch | |
| besugo | Brasse | |
| carpa | Karpfen | |
| esturión | Stör | |
| gado | Schellfisch | |
| lenguado | Seezunge | |
| merluza | Seehecht | |
| rodaballo | Steinbutt | |
| salmón | Lachs | |
| sollo | Hecht | |
| trucha | Forelle | |
| almeja | Flußmuschel | |
| bogavante | Hummer | |
| calamar | Tintenfisch | |
| cangrejo | Krebs | |
| camarón | Garnele | |

| | | |
|---|---|---|
| Fisch, Meeresfrüchte (Fortsetzung) | gamba | Hummerkrabbe |
| | langosta | Languste |
| | langostino | Schlankhummer (Scampi) |
| | ostras | Austern |
| Fleisch (carnes) | asado | Braten |
| | carne estofada | Schmorbraten |
| | carne salada | Pökelfleisch |
| | carne ahumada | Rauchfleisch |
| | chuleta | Kotelette |
| | fiambre | Aufschnitt |
| | jamón | Schinken |
| | salsichón | Hartwurst |
| | solomillo | Filet |
| | tocino | Speck |
| | buey | Rind, Ochse |
| | carnero | Hammel |
| | cerdo | Schwein |
| | cochinillo, lechón | Spanferkel |
| | cordero | Lamm |
| | ternera | Kalb |
| Wild (caza) | ciervo | Hirsch |
| | corzo | Reh |
| | jabalí | Wildschwein |
| | liebre | Hase |
| Geflügel (aves) | faisán | Fasan |
| | ganso | Gans |
| | pato | Ente |
| | perdiz | Rebhuhn |
| | pichón | Taube |
| | pollo | Huhn |
| Gemüse (verdura, legumbres) | alcachofas | Artischocken |
| | apio | Sellerie |
| | coliflor | Blumenkohl |
| | cebollas | Zwiebeln |
| | ensalada | Salat |
| | espárragos | Spargel |
| | espinachas | Spinat |
| | garbanzos | Kichererbsen |
| | guisantes | Erbsen |
| | habas | dicke Bohnen |
| | judías | grüne Bohnen |
| | patatas | Kartoffeln |
| | pepino | Gurke |
| | pimientos | Pfefferschoten, Paprikaschoten |
| | tomates | Tomaten |
| | zanahorías | Karotten |
| Gewürze (condimentos) | aceite | Öl |
| | mostaza | Senf |
| | pimienta | Pfeffer |
| | sal | Salz |
| | vinagre | Essig |
| Nachspeisen (postres) | bollo | süßes Brötchen, Krapfen |
| | compota | Kompott |
| | dulces | Süßigkeiten |
| | flan | Pudding |

| | | |
|---|---|---|
| helado | Eis (con nata = mit Sahne) | Nachspeisen (Fortsetzung) |
| membrillo | Quittenpaste | |
| queso | Käse | Obst (frutas) |
| almendras | Mandeln | |
| cerezas | Kirschen | |
| chumbos | Kaktusfeigen | |
| dátiles | Datteln | |
| fresas | Erdbeeren | |
| higos | Feigen | |
| manzana | Apfel | |
| melocotón | Pfirsich | |
| naranjas | Orangen, Apfelsinen | |
| pera | Birne | |
| piña | Ananas | |
| plátano | Banane | |
| uva | Weintraube | |
| agua mineral | Mineralwasser (con gas = mit Kohlensäure; sin gas = still) | Getränke (bebidas) |
| cerveza | Bier (dorada = hell; negra = dunkel) | |
| café con leche | Milchkaffee | |
| café helado | Eiskaffee | |
| café solo | schwarzer Kaffee, Espresso | |
| horchata | Erfrischungsgetränk aus Mandeln u. a. | |
| jugo | Saft | |
| té | Tee | |
| vino | Wein (blanco = weiß; tinto = rot; rosado = Rosé) | |
| → dort | | Restaurants |

## Fähren

→ Anreise
→ Verkehrsmittel intrainsulär

## Fahrradverleih

→ Leihfahrräder

## Feiertage

Gesetzliche Feiertage

1. Januar: Any Nou (Neujahr)
6. Januar: Reis Mags (Hl. Drei Könige)
19. März: Sant Josep (Josephstag)
1. Mai: Diada del Treball (Tag der Arbeit)
24. Juni: Sant Joan (Johannistag; zugleich Namenstag des Königs)
29. Juni: Sant Pere i Sant Pau (Peter und Paul)
25. Juli: Sant Jaume (Apostel Jakobus)
15. August: Assumpció (Mariä Himmelfahrt)
12. Oktober: Diada de la Hispanitat (Entdeckung Amerikas)
1. November: Tots Sants (Allerheiligen)
8. Dezember: Inmaculata Concepció (Mariä Empfängnis)
25. Dezember: Nadal (Weihnachten)

Bewegliche Feiertage

Karfreitag
Fronleichnam

## Ferienclubs

Ibiza zieht in erster Linie jüngeres Publikum an, das sich im Urlaub vor allem sportlich betätigen möchte. An diese Zielgruppe wenden sich die recht zahlreichen Ferienclubs, die aus Apartments (→ Ferienwohnungen), seltener auch Hotels, sowie aus Sportanlagen (z.B. Tennisplätze, Schwimmbäder, Tauch-, Segel- und Surfschulen mit Geräteverleih; ferner Restaurants, Einkaufsmöglichkeiten, Zweirad- und Autoverleih) bestehen und praktisch in sich geschlossene, weitgehend autarke Siedlugen bilden.

Kategorien

Die Klassifikation ist die gleiche wie bei den → Hotels (ein bis fünf Sterne) bzw. wie bei den Ferienwohnungen (ein bis drei Schlüsselsymbole); beide werden in der nachstehenden Auswahlliste einheitlich mit römischen Ziffern (I = oberste Kategorie, IV = unterste Kategorie; Clubanlagen der Luxuskategorie gibt es nicht) bezeichnet; Apartmentanlagen sind durch den Zusatz A bei der Kategorie gekennzeichnet.

### Ferienclubs auf Ibiza

Sant Antoni de Portmany

Club-Hotel Tarida Beach, A I, 100 App.
Stella Maris Country Club, A II, 80 App.

Sant Josep de sa Talaia

Club Med Ibiza, A I, an der Platja d'en Bossa, 420 App.
Club Cala Vadella, A I, 150 App.
Club Vistamar, A I, 86 App.
Club Aquarium, A III, 113 App.

Santa Eulària des Riu

Cala Pada, A II, 320 App.
Siesta Mar, A II, 250 App.
Club Cala Llenya, A II, 180 App.
Club Figueral, A II, 200 App.

Sant Joan de Labritja

Holiday-Club Portinatx, IV, 200 App.

### Ferienclubs auf Formentera

Club-Hotel Formentera Playa, II, 210 App.
Iberotel La Mola, I, 328 Z.
Maryland, an der Playa de Mitjorn, A II, 300 App.

## Ferienwohnungen

Allenthalben auf Ibiza und Formentera werden Ferienwohnungen (Apartamentos turísticos; oft in größeren Gebäudeblocks) und Ferienhäuser vermietet. Sie sind häufig ähnlich wie die Hotels amtlich klassifiziert und in drei Kategorien eingeteilt, die mit einem (unterste Kategorie) bis drei Schlüsselsymbolen (oberste Kategorie) gekennzeichnet sind. Während auf Ibiza auch die oberste Kategorie relativ stark vertreten ist, herrschen auf Formentera die einfachen Unterkünfte vor.

Die größeren Apartmentkomplexe auf Ibiza und Formentera sind häufig zu → Ferienclubs ausgebaut, die eine komplette Infrastruktur mit vielseitigen Freizeiteinrichtungen bieten.

Das spanische Ministerium für Verkehr, Tourismus und Kommunikation gibt alljährlich ein Verzeichnis der Hotels und Apartments heraus, das bei den spanischen Tourismus- Informationsstellen (→ Auskunft) erhältlich ist.

Ferienwohnungen (Fortsetzung)

## Fluggesellschaften

Iberia

Passeig Vara de Rey 15
E-07800 Eivissa
Tel. (9 71) 30 25 80

Aeroport d'Eivissa
Tel. (9 71) 80 93 35

Aviaco

Aeroport d'Eivissa
Tel. (9 71) 30 25 77 und 30 67 72

## Geld

Währung

Währungseinheit ist die spanische Peseta (Pta) zu je 100 Céntimos (in der Praxis nicht mehr gebräuchlich). Es gibt Banknoten zu 200, 500, 1000, 2000, 5000 und 10 000 Ptas sowie Münzen zu 1, 5, 10, 25, 50, 100, 200 und 500 Ptas.

Wechselkurse (schwankend)

| | |
|---|---|
| 100 Ptas = 1.50 DM | 1 DM = 66.65 Ptas |
| 100 Ptas = 21.30 öS | 1 öS = 4.69 Ptas |
| 100 Ptas = 1.25 sfr | 1 sfr = 80.00 Ptas |

Devisenbestimmungen

Pro Person dürfen bis zu 150 000 Ptas nach Spanien eingeführt werden; die Höchstmenge für die Ausfuhr beträgt 100 000 Ptas. Die Einfuhr von Fremdwährungen unterliegt keiner Beschränkung, doch empfiehlt es sich, höhere Beträge (ab dem Gegenwert von 100 000 Ptas) zu deklarieren. Die Ausfuhr von Devisen ist zulässig bis zum Gegenwert von 500 000 Ptas. bzw. bis zur Höhe des bei der Einfuhr deklarierten Betrages.
Die Mitnahme von Eurocheques, Travellerschecks oder anderen Reiseschecks ist empfehlenswert.

Postsparkasse

Besitzer von Sparkassenbüchern der Deutschen Bundespost können bei der spanischen Postsparkasse (Caja Postal de Ahorros) pro Monat bis zu 2000 DM abheben. Bei der Auszahlung muß der Personalausweis bzw. Reisepaß vorgelegt werden.

Kreditkarten

Die großen Hotels, Restaurants der gehobenen Kategorien, Autovermietungen, Fluggesellschaften und Einzelhandelsgeschäfte akzeptieren meist die Kreditkarten der wichtigsten Gesellschaften (American Express, Diners Club, Eurocard, Visa u.a.).

Verlustmeldungen

Bei Verlust von Eurocheques und/oder Scheckkarte informiere man zur sofortigen Sperrung des betroffenen Girokontos unverzüglich den rund um die Uhr erreichbaren Zentralen Annahmedienst für Verlustmeldungen von Eurocheque-Karten in Frankfurt am Main.
Telefon aus Spanien: (07 49 69) 74 09 87

## Golf

Der altbekannte clubeigene Golfplatz in Roca Llisa (ca. 8 km nordöstlich von Eivissa) ist vor kurzem erheblich erweitert worden und hat jetzt mit

Golf (Fortsetzung)

18 Löchern eine respektable Größe. Roca Llisa ist in eine liebliche Talschaft gebettet und gehört verwaltungsmäßig zur Gemeinde von Santa Eulària des Riu.

# Hotels

Allgemeines

Die Hotels sind in Spanien behördlich nach ihren Aufgaben und Eigenschaften in Klassen eingeteilt: Hoteles (Einzahl Hotel; Unterbringung mit oder ohne Mahlzeiten, hauseigenes Restaurant), Hoteles-Apartamentos (wie Hoteles, jedoch nur mit Apartments oder Bungalows); Hostales (Einzahl Hostal; Gasthöfe, mit oder ohne Mahlzeiten; einfacher); Pensiones (Einzahl Pensión; begrenzte Zimmerzahl; nur Vollpension).

Hoteles, Hoteles-Apartamentos und Hostales können auch als Residencias (garni; Unterkunft mit Frühstück; manchmal selbständiges Restaurant angeschlossen) geführt werden.

Kategorien Hoteles

Die Hotels sind offiziell mit Sternen in fünf Kategorien eingeteilt:
***** = Luxushotel
**** = First Class Hotel
*** = Mittelklassehotel
Die Hotels der unteren Kategorien (** und *) sind in der nachfolgenden Liste der ausgewählten Hotels nicht aufgeführt.

Kategorien Hostales, Pensiones

Die Pensionen sind in drei Kategorien eingeteilt, von den besten Pensionen mit drei (***) Sternen bis zu den einfachsten mit einem (*) Stern.

Hotelverzeichnis

Das spanische Ministerium für Verkehr, Tourismus und Kommunikation gibt alljährlich ein Verzeichnis der Hotels und Apartments heraus, das – auch speziell für die einzelnen Autonomen Regionen bzw. die Provinzen – bei den spanischen Tourismus-Informationsstellen (→ Auskunft) erhältlich ist.

Die auf dem spanischen Festland ziemlich zahlreichen Paradores Nacionales, die an touristisch wichtigen Orten in alten Schlössern, Herrenhäusern und Klöstern eingerichtet sind, gibt es auf den Pityusen nicht.

Hinweis

Die meisten Hotels auf Ibiza und Formentera sind nur von Anfang April bis Ende Oktober, manche sogar nur während der Hauptreisezeit (Hochsommer) geöffnet.

Im Zuge der Bestrebungen, vom Image des Billig-Tourismus wegzukommen, werden seit einiger Zeit Hotels der unteren Kategorien gründlich modernisiert oder durch anspruchsvollere Neubauten ersetzt.

## Hotels auf Ibiza (Auswahl)

Eivissa

El Palacio (garni), Carrer de sa Conquesta 2, Tel. 30 14 78, Fax 39 15 81, 7Z.; Vorausbuchungen nur über die Zentrale in Biel (Schweiz)
Trotz der amtlichen Kategorisierung ist das ‘Hotel of the Movie Stars’ wohl das exklusivste Haus in Eivissa: etwa auf halber Höhe der Oberstadt an einer breiten Treppengasse gelegen, bietet es einen großartigen Blick auf den Hafen. An der schlichten, unprätentiösen Fassade sind Betonplatten mit den Handabdrücken zahlreicher Showstars angebracht.

El Corsario (garni), Carrer de Ponent 5, Tel. 30 12 48, 14 Z.
Auch das ‘Corsario’ ist ein kleines, intimes Hotel in der malerischen Altstadt. Es ist in einem aus dem 17. Jh. stammenden Palais eingerichtet; die Ausstattung ist einfach, aber stilvoll.

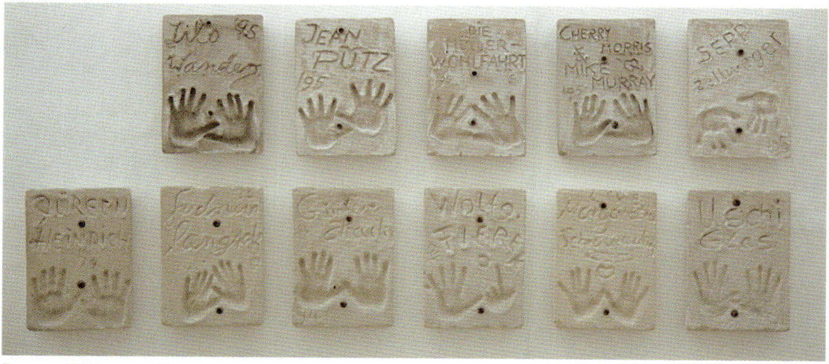


*Den auffälligsten Hinweis auf das 'Palacio' bilden die Handabdrücke von Prominenten*

Hotels in Eivissa (Fortsetzung)

Royal Plaza, Carrer Pedro Frances 27–29, Tel. 31 37 11, 117 Z.
Zentral gelegenes, sehr komfortables Haus, besonders für Geschäftsleute empfehlenswert.

La Ventana, Carrer Sa Carroça 13, Tel. 39 08 57, 13 Z.
Auch das 'Ventana' ( =Fenster) gehört zu den eigenwilligen kleinen Hotels der Oberstadt. Die Ausstattung ist gediegen-nostalgisch.

Montesol (garni), Passeig Vara de Rey 2, Tel. 31 01 61, 55 Z.
Das traditionsreiche 'Montesol' gehört zu den bekanntesten Hotels im Innenstadtbereich, auch deshalb, weil man sich hier nach durchtanzter Nacht zum Frühstück trifft und von der kleinen Terrasse aus den Spaziergängern auf dem Prachtboulevard zusehen kann.

Los Molinos, Carrer Ramon Muntaner 58–60, Tel. 30 29 16; 150 Z.
Ruhig, aber dennoch verkehrsgünstig an der Südflanke des Puig des Molins gelegenes, komfortables Haus, Fußweg zur Altstadt ca. 10 Min.; die meisten Zimmer mit herrlichem Meerblick nach Südwesten. Park mit Palmen und zwei Pools.

Torre del Mar, an der Platja d'en Bossa, Tel. 30 17 16, 400 Z.
Günstig am belebten Strand von Ses Figueretes gelegenes Ferienhotel mit Park, Pool und Spielplatz.

Tres Carabelas, an der Platja d'en Bossa, Tel. 30 24 16, 250 Z.
Typisches Großhotel direkt am Sandstrand von Ses Figueretes; Park mit Pool.

Anchorage, an der Marina de Botafoch, Tel. 31 17 11, Fax 31 15 57
Das Hotel, an der modernen Marina de Botafoch im Nordwesten von Eivissa gelegen, zeigt sich im Luxusdampfer-Look.

Sant Antoni de Portmany

Pikes, Camí de sa Vorera, Tel. 34 22 22, 20 Z.
Gediegen-rustikales Ambiente mit einem Hauch von Jet-Set und Prominenz. Für Gäste mit Kindern weniger geeignet.

Marco Polo, Avinguda Portus Magnus, Tel. 34 10 50, 107 Z.
In Zentrums- und Strandnähe gelegenes Hotel mit Park und Pool.

Arenal, an der Platja de Sant Antoni, Tel. 34 01 12, 130 Z.
Direkt am Strand gelegenes Hotel mit Mittelklasse-Standard; Terrasse, Pool und Spielplatz.

*Hotelkolonie Na Xemena*

Hotels in Santa Eulària des Riu

Fenicia, Platja des Pins, Tel. 33 01 01, 91 Z. Strandnahes Haus mit zeitgemäßem Komfort.

San Marino (garni), Carrer Ricardo Curtoys Gotarredona 1, Tel. 33 03 16, Fax 33 90 76, 44 Z. Komplett ausgestattete Residencia mit Pool und angegliedertem Restaurant; nahe beim Sandstrand.

Sant Josep de sa Talaya

Les Jardins de Palerm, Tel. 34 22 93 Hotel der Spitzenklasse in einem umgebauten Landgut; parkartiger Garten und Pool.

Village, in Calo d'en Real, Tel. 80 00 01, Fax 80 02 27, 22 Z. Reizvolle Lage hoch an der Steilküste; diverse Sportmöglichkeiten; herrliche Aussicht.

Sant Miquel

Hacienda, Urbanisation Na Xemena, Tel. 33 30 46, Fax 33 31 75, 65 Z. Das 'Hacienda' in der schönen, hoch über der Bucht von Sant Miquel sich ausbreitenden Kiefernwaldung gelegen, ist dank seiner luxuriösen Ausstattung schon öfters als Film- bzw. Fernsehkulisse genutzt worden.

### Hotels auf Formentera (Auswahl)

La Mola, Platja de Migjorn, Tel. 32 00 50, 270 Z. Vollständig modernisiertes Großhotel der oberen Preiskategorie; auch Bungalows.

Real Playa, an der Platja de Migjorn, 7 Z. Kleiner Familienbetrieb mit rustikalem, familiärem Ambiente.

Ferienwohnungen

→ dort

## Jugendherbergen

Auf Ibiza und Formentera gibt es keine Jugendherbergen.

## Karten und Pläne

Wer sich auch abseits der großen Inselstraßen bewegen will, sollte neben der zu diesem Reiseführer gehörenden Übersichtskarte zusätzliches Landkartenmaterial mitführen. Nachstehend eine Auswahl.

Mapa Provincial Baleares (amtliche Karte) — Karten, 1 : 200 000
Internationale Generalkarte Mallorca / Ibiza — 1 : 175 000
Mapa Militar C (Ibiza und Formentera) — 1 : 100 000
Mapa militar (amtliche Militärkarte; für die Balearen 22 Blätter) — 1 : 50 000
Karteninhalt nicht auf dem aktuellsten Stand!

## Leihfahrräder, Motorradverleih

Wegen der überschaubaren Entfernungen auf Ibiza und Formentera lohnt es sich durchaus, das Landesinnere mit dem Fahrrad zu erkunden. An allen Fremdenverkehrsorten stehen Leihfahrräder, vielfach auch Leichtkrafträder und Motorroller zur Verfügung.

## Mietwagen

### Ibiza

Avis

Aeroport d'Eivissa
Tel. (9 71) 80 91 76

Avinguda Santa Eulària 17
E-07800 Eivissa
Tel. (9 71) 31 31 63

Edifici Manila, Es Cana
E-07800 Santa Eulària des Riu
Tel. (9 71) 33 05 71

Betacar

Aeroport d'Eivissa
Tel. (9 71) 39 53 84

Carrer Carlos III
E-07800 Eivissa
Tel. (9 71) 19 22 55

Avinguda Andenes
E-07800 Eivissa
Tel. (9 71) 31 21 02

Verleihstationen in zahlreichen Touristenzentren der Umgebung sowie in Sant Antoni de Portmany, Santa Eulària des Riu, Cala Llonga, Es Caná, Portinatx, Cala Tarida, Cala Vedella und Sant Miquel.

Hertz

Aeroport d'Eivissa
Tel. (9 71) 80 91 78

Avinguda Mutra
E-07800 Platja d'En Bossa
Tel. 30 08 70

### Formentera

Avis

Port La Savina
Tel. (9 71) 32 21 23

Betacar

Port La Savina
Tel. (9 71) 32 20 31 und 32 00 86

Mietwagen, Hinweise

Es gibt eine beträchtliche Zahl von regionalen oder lokalen Verleihfirmen, über die man sich bei den Tourismus-Informationen und Hotelrezeptionen informieren kann. Die in den ausgesprochenen Urlaubsorten befindlichen Verleihstationen sind im Winterhalbjahr geschlossen.

## Motorradverleih

→ Leihfahrräder, Motorradverleih

## Museen

in Eivissa

Museu Puig des Molins
Via Romana
Funde aus dem punischen Gräberfeld auf dem Puig des Molins

Museu d'Art Contemporani
in der Oberstadt, bei der Puerta de las Tablas
Zeitgenössische Kunst

Museu Arqueològic
in der Oberstadt, bei der Kathedrale
Funde aus punischer, griechischer und römischer Zeit

Museu de la Catedral
in der Kathedrale
Liturgisches Gerät, Gemälde

in Santa Eulària des Riu

Museu Etnològic
unterhalb der Kirche
Volkskunde und Brauchtum der Pityusen

## Nachtleben

Man darf davon ausgehen, daß die überwiegende Mehrzahl der jungen (und auch nicht mehr ganz jungen) Ibiza-Besucher auf der 'weißen Insel' etwas erleben möchte. Eine große und vielseitige Palette von Unterhaltungsstätten macht für jeden, der dies möchte, die Nacht zum Tage. Bars, Diskotheken, Nachtlokale u.a. gibt es außer in Ibiza-Stadt vor allem in Sant Antoni de Portmany und Santa Eulària des Riu, wo sich generell der für Ibiza typische Tourismus besonders stark entwickelt hat. Man gibt sich unkonventionell, extravagant bis verrückt, tolerant, freizügig und kontaktfreudig – in jeder Beziehung. Daß dabei die Ideale bürgerlicher Moralvorstellungen manchmal arg strapaziert werden, gehört dazu.

Es ist schwierig, hier konkrete Hinweise auf bestimmte Etablissements zu geben, denn was heute 'in' ist, kann morgen schon ein Flop sein, während vielleicht ein bislang völlig unbekanntes Unternehmen über Nacht zum großen Magneten für die Nachtschwärmer wird. Trotzdem sei der Versuch gewagt (ohne nach Vollständigkeit zu streben).

### Eivissa

Spielkasino

Casino Eivissa
beim Jachthafen
Roulette, Baccarat, Piano Bar; ab 20 Uhr geöffnet.

*In den Diskotheken wird die Nacht zum Tage*

Eivissa, Bars

Zoo
Eivissa, Plaça Antoni Riquer, direkt am Jachthafen
Zur Einstimmung auf lange Nächte beliebter, ziemlich kostspieliger Treffpunkt der Nachtschwärmer.

Teatro Pereira
Eivissa, Carrer Comte Rosselló 5, Tel. 31 04 09
Gute Live-Musik (Jazz).

El Divino
Eivissa, am Jachthafen
Prominententreff

Incognito
Eivissa, Carrer Santa Llucia 47
Gay-Treff

Diskotheken

Privilege (ex-Ku)
Sant Rafel, an der Straße nach Sant Antoni, Tel. 19 81 60
Vermutlich die berühmteste Super-Disco der Insel; mehrere Bars, Swimmingpool.

Pacha
Eivissa, Passeig Maritim, Tel. 31 09 59
Hier geht frühestens um Mitternacht richtig die Post ab. Häufig werden 'Themenfeste' veranstaltet.

Amnesia
Sant Rafel, Tel. 31 41 36
Die Disco ist in einer alten Finca eingerichtet; vor allem in den frühen Morgenstunden frequentiert.

Nachtleben, Diskotheken (Fortsetzung)

El Paradis
Sant Antoni de Portmany, Avinguda Dr. Fleming, Tel. 34 66 00
sehr beliebte Disco, einige Bars

Extasis
Sant Antoni de Portmany, Avinguda Miramar
mehrere Bars, Swimmingpool

Chac Mool
Sant Antoni de Portmany, Carrer Santa Agnes

Studio 64
Santa Eulària des Riu, Carrer Sant Llorenç

Typique Bar
Formentera, in Es Pujols

Magoo
Formentera, in Es Pujols

## Notdienste

### auf den Pityusen

Ibiza

Policia Municipal (Polizei)
Carrer Vicente Serra 25
Eivissa
Tel. (9 71) 31 58 61

Avinguda de Portmany
Sant Antoni de Portmany
Tel. (9 71) 34 08 30

Sant Josep de sa Talaia
Tel. 80 02 61

Guardia Civil
Eivissa, Avinguda del Aeroport: Tel. (9 71) 30 11 95
Sant Antoni de Portmany: Tel. (9 71) 30 05 02
Sant Joan de Labritja: Tel. (9 71) 33 30 05
Santa Eulària des Riu: Tel. (9 71) 33 02 27

Formentera

Guardia Civil
Tel. (9 71) 32 00 02

### im Ausland

Deutschland

ADAC-Notrufzentrale in München (rund um die Uhr besetzt)
Telefon aus Spanien: 07 49 / 89 / 22 22 22
Telefonarzt des ADAC:
Telefon aus Spanien: 07 49 / 89 / 76 76 76
Der Telefonarzt des ADAC in München gibt Ratschläge und Medikamentenempfehlungen bei leichteren Beschwerden und kann in ernsten Fällen den Rücktransport veranlassen; bei Bedarf nennt er deutschsprechende Ärzte.
ADAC-Reiseruf (auch für Nichtmitglieder): Tel. (0 89) 76 76-26 53
(rund um die Uhr erreichbar)

AvD Notruf-Telefon aus Spanien: 07 49 / 69 / 66 06 600

ÖAMTC Euronotruf Wien: Tel. aus Spanien 07 43 / 2 22 / 9 82 13 04 — Notdienste, Österreich

ACS Notruf-Telefon aus Spanien: 07 41 / 52 / 2 13 07 27 — Schweiz

TCS Notruf-Telefon aus Spanien: 07 41 / 22 / 7 36 44 44

Krankenflüge

ASB-Rückholdienst Köln,
Telefon aus Spanien: 07 49 / 2 21 / 4 76 05 55

Deutsche Rettungsflugwacht Stuttgart
Telefon aus Spanien: 07 49 / 7 11 / 70 10 70

DRK-Flugdienst Bonn
Telefon aus Spanien: 07 49 / 2 28 / 23 00 23

Österreichische Rettungsflugwacht,
Telefon aus Spanien: 07 43 / 72 21 / 6 37 37
(Anruf wird nach Krems weitergeleitet)

Schweizerische Rettungsflugwacht Zürich,
Telefon aus Spanien: 07 41 / 1 / 3 83 11 11

Sicherheitstips

→ dort

## Öffnungszeiten

Museen

Die Öffnungszeiten der Museen, Schlösser u.a. variieren erheblich. Grundsätzlich kann davon ausgegangen werden, daß sie in der Mittagszeit (etwa 13–16 Uhr) sowie sonn- und feiertags geschlossen sind.

Ladengeschäfte

Es gibt keine gesetzlich festgelegten Ladenschlußzeiten. Die Geschäfte sind im allgemeinen von 9 bis 13 und von 15 oder 16 bis 19 Uhr, im Sommer vielfach bis in die späten Abendstunden geöffnet (vor allem Lebensmittel- und Tabakläden).

Banken

Die Banken sind außerhalb der Hauptreisezeit nur vormittags geöffnet; in den wichtigsten Urlaubszentren gelten oft verlängerte Öffnungszeiten (auch nachmittags).

Restaurants

Die Tavernen sollen um 24 Uhr, Restaurants um 1 Uhr schließen.

## Post

Dienststunden

Die spanische Post (Correos) arbeitet im allgemeinen zuverlässig. Die Dienststunden der Schalter sind unterschiedlich und meist im Postamt angeschrieben (montags häufig erst ab 9 Uhr; mehrstündige Mittagspause; an den zahlreichen Feiertagen geschlossen).

Postlagernde Sendungen müssen den Vermerk "Lista de Correos" tragen.

Briefmarken

Briefmarken (sellos) erhält man außer bei den Postämtern in den meisten Tabakläden (estancos).

Gewöhnliche Briefsendungen nach Mitteleuropa sind mindestens vier Tage unterwegs; es empfiehlt sich daher der Versand per Luftpost (por avión; innerhalb Europas kein Zuschlag!).

Postsparkasse

→ Geld

## Radio und Fernsehen

Hörfunk

Deutschsprachige Rundfunksendungen werden über die Radiocadena Española (Spanische Hörfunkkette) im UKW-Bereich auf 88,8 MHz ausgestrahlt, und zwar täglich um 7.30, 9.15 und 16.00 Uhr.

Fernsehen

Die spanische Fernsehnorm entspricht der in der Bundesrepublik Deutschland, Österreich und der Schweiz üblichen. Neben landesweit verbreiteten Sendungen in spanischer Sprache (castellano) werden über die Dritten Programme auch Sendungen in Katalanisch (catalá) ausgestrahlt.

## Reisedokumente

Seit dem 1. Januar 1993 entfallen im allgemeinen Paßkontrollen für EU-Bürger. Ausweispflicht auf Flughäfen und Seehäfen in der EU, zu der auch Spanien gehört, besteht aber zunächst weiter, so daß man die im folgenden erwähnten Ausweise unbedingt mitführen sollte.

Personalpapiere

Zur Einreise nach Spanien genügt für deutsche, österreichische und schweizerische Staatsangehörige ein gültiger Personalausweis, sofern der Aufenthalt nicht länger als drei Monate dauert und keine Arbeit aufgenommen wird. Überschreitet die Aufenthaltsdauer drei Monate, so ist ein gültiger Reisepaß erforderlich; darüber hinaus muß ein verlängerter Aufenthalt von der spanischen Polizei genehmigt werden. Kinder unter 16 Jahren benötigen einen Kinderausweis oder müssen im Elternpaß eingetragen sein.

Fahrzeugpapiere

Der deutsche Führerschein und Kraftfahrzeugschein werden für private Fahrten anerkannt und sind mitzuführen. Für gewerbliche Fahrten ist der Internationale Führerschein erforderlich. Kraftfahrzeuge müssen das ovale Nationalitätskennzeichen tragen. Die grüne Internationale Versicherungskarte für Kraftverkehr ist vorgeschrieben.

Der Haftpflichtversicherungszwang erstreckt sich in Spanien nur auf Personenschäden, weshalb eine zusätzliche Kurzkaskoversicherung dringend empfohlen wird. Auch bei Mietwagen ist es ratsam, eine Vollkaskoversicherung abzuschließen; in diesem Falle braucht im allgemeinen keine Kaution hinterlegt zu werden.

Krankenschein

Für den Krankheitsfall erkundige man sich vor Reiseantritt bei seiner Krankenversicherung nach den jeweils gültigen Vereinbarungen und schließe gegebenenfalls eine kurzfristige Zusatzversicherung ab.

Haustiere

Wer Haustiere (Hund, Katze) auf die Reise mitnehmen will, benötigt für diese ein amtstierärztliches Gesundheitszeugnis mit Bestätigung der Tollwut-Schutzimpfung (auch in spanischer Übersetzung). Die Impfung darf nicht kürzer als 30 Tage und nicht länger als ein Jahr zurückliegen.

Hinweis

Es ist ratsam, zu Hause von den Reisedokumenten Fotokopien anzufertigen und diese getrennt von den Originalen mitzuführen. Bei Verlust erleichtert eine Kopie die Beschaffung von Ersatzpapieren erheblich.
Bei polizeilichen Kontrollen wird im allgemeinen auch die Fotokopie des Ausweises akzeptiert.

## Reisezeit

Winter

Aufgrund des extrem gemäßigten mediterranen Klimas auf den Balearen ist der Besuch zu allen Jahreszeiten lohnend. Selbst der Winteraufenthalt, zu Beginn des Fremdenverkehrs auf den Inseln besonders geschätzt, erfährt neuerdings wieder einen Aufschwung (allerdings vorwiegend auf Mallorca); für Ruhesuchende und bei Wahl einer modernen heizbaren Unterkunft kann er durchaus empfohlen werden.

Reisezeit (Fortsetzung)

Frühjahr

Im Vorfrühling verschafft die Mandelblüte (Januar / Februar) unvergeßliche Eindrücke. Auch lohnt sich eine Reise über Ostern, da um diese Zeit das eigentliche Frühjahr einsetzt und vor allem auf Ibiza ein üppiges Grün hervorbringt. Das im Frühjahr sehr milde Wetter bleibt jedoch oft unberechenbar, und nur abgehärtete Naturen mögen jetzt schon im Meer baden.

Sommer (Hauptsaison)

Die sommerliche Hauptsaison ist wegen des übermäßigen Touristenansturmes, der erheblichen Sommerhitze und des Hitzedunstes (calina) sowie des gelegentlich lästigen Staubes weniger empfehlenswert – es sei denn, man ist an diese Zeit gebunden oder legt gesteigerten Wert auf das Schwimmen im Meer und intensive Sonnenbräunung.

Herbst

Der Herbst gilt als die günstigste Reisezeit. Der große Touristenandrang ist dann vorüber, und das warme und recht beständige Wetter erlaubt das Baden in vor dem Nordwind geschützten Buchten noch bis Ende Oktober. An den nördlichen Küsten treten allerdings ab September heftige Gewitter und die kühle Tramuntana, ein unangenehmer Nordwind, auf.

# Restaurants

Wie überall in den spanischen Touristengebieten sorgt auch auf den Balearen ein breit gefächertes Angebot von Restaurants (restaurantes) für das leibliche Wohl der Feriengäste, wobei alle Kategorien vom rustikalen Strandrestaurant über die Fonda (einfaches ländliches Speiselokal), die Casa de Comida und den Mesón bis zu Häusern gehobenen Stils mit internationaler Küche vertreten sind. Alle müssen ein Touristenmenü aus drei Gängen zu festem Preis führen, das aber oft in Qualität und Menge hinter den à la carte angebotenen und natürlich etwas teureren Speisen zurücksteht.

Die Tischzeiten liegen in Spanien um ein bis zwei Stunden später als in Deutschland; die Hotelrestaurants mit überwiegend mitteleuropäischem Publikum haben sich allerdings den Gewohnheiten ihrer Gäste weitgehend angepaßt. Dies ist leider oft auch hinsichtlich der Speisekarte der Fall, auf der die schmackhaften einheimischen Spezialitäten immer mehr den dem vermeintlichen Geschmack der Touristen entsprechenden und oft recht faden Allerweltsgerichten weichen. In den ländlichen Restaurants des Landesinneren findet man jedoch noch öfter bodenständige Speisen.

## Restaurants auf Ibiza und Formentera (Auswahl)

Eivissa

Alfredo, Passeig Vara de Rey 6, Tel. 31 12 74
Eines der ältesten Restaurants der Stadt; regionale Spezialitäten, auch viel einheimisches Publikum.

Celler Balear, Carrer Ignacio Wallis 18, Tel. 30 10 31
Spanische und ibizenkische Gerichte; mäßige Preise.

Delfin Verde, Carrer Garijo 2, Tel. 31 02 15
Spanische und italienische Fischgerichte.

S'Oficina, Avinguda d'Espanya 6, Tel. 30 00 16
Fischgerichte, baskische Spezialitäten; viel einheimisches Publikum.

Santa Eulària des Riu

Doña Margarita, Passeig Maritim, Tel. 33 06 55
Inseltypische Küche, viele Fischgerichte (u.a. Brasse im Salzmantel).

*Das 'Montesol' erstrahlt in neuem Glanz*

Restaurants (Fortsetzung)

Montesol, Passeig Vara de Rey, Tel. 31 01 61
Besonders zum Frühstück und Vormittagsimbiß beliebt

Rincon de Pepe, Carrer Sant Vicent 53, Tel. 33 13 21
Fischspezialitäten; reiche Auswahl an Tapas (kleine Vorspeisen).

Bahía de Santa Eulària, Carrer Molins de Rey, Tel. 33 08 28
Gutes Fischrestaurant in Strandnähe.

Sant Carles

El Bigote, an der Cala Mastella, kein Telefon
Sehr eigenwilliges Fischlokal; der Chef fährt selbst zum Fang. Rustikales Ambiente mit offenem Grillfeuer. Persönliche Tischbestellung am Vortag ist in der Saison dringend anzuraten.

Sant Josep

Cana Joana, etwas außerhalb in Richtung Eivissa, Tel. 80 01 58
Katalanische Spezialitäten.

Formentera

Fonda Pepe, in Sant Ferran de ses Roques, Tel. 32 80 33
Legendäre Kneipe aus Hippie-Tagen; katalanische Küche.

Capri, an der Platja des Pujols, Tel. 32 83 52
Bodenständige, inseltypische Küche

## Schiffsausflüge

Für Touristen werden verschiedene Schiffsausflüge veranstaltet; besonderer Beliebtheit erfreuen sich die 'Piratenfahrten', die meist mit einem Paella-Essen gekoppelt sind. Auskünfte erteilen die zuständigen Reiseleiter, die Rezeptionen der Hotels und die Tourismus-Informationen (→ Auskunft).

## Sicherheitstips

Vor allem in der Hauptsaison muß man in Eivissa (Ibiza Stadt) und an den anderen Brennpunkten des Fremdenverkehrs mit erhöhter Eigentumskriminalität rechnen. Im Gedränge hat schon manche Brieftasche den Besitzer gewechselt, und die Aufklärungsquote ist gering. Bisweilen betätigen sich auch Zigeuner als Taschen- oder Trickdiebe (beliebt ist der Vorwand, dem Opfer unter lauten 'Simpatía!'-Rufen eine Nelke ans Revers zu stekken und derweil seine Taschen gekonnt auszuräumen), und man weiß oft nicht, was man mehr bewundern soll: die handwerkliche Perfektion oder die Unverfrorenheit der Täter. Auch von dem verbreiteten 'Hütchenspiel' (trile) und anderen abgekarteten 'Glücksspielen' sollte man sich unbedingt fernhalten.

Schadenanzeige

Meldet man den Diebstahl der Polizei, so wird man außer freundlichem Verständnis kaum etwas erwarten können, denn die Behörden sind schlicht überfordert. Man braucht allerdings ein polizeiliches Protokoll der Diebstahlsanzeige, um von der heimischen Versicherung den Schaden ersetzt zu bekommen.

Vorsichtsmaßnahmen

Es ist ratsam, Wertsachen (Ausweispapiere, Geld) unmittelbar auf dem Körper zu tragen und größere Bargeldbeträge im Hotelsafe zu deponieren. Auch hat es sich bewährt, von Personalausweis bzw. Reisepaß Fotokopien anzufertigen, die man getrennt von den Originalen aufbewahrt und die bei der Beschaffung von Ersatzdokumenten sehr hilfreich sein können. Bei polizeilichen Kontrollen wird in der Regel die Fotokopie des Ausweises akzeptiert.

Drogen

Ibiza galt lange Zeit als Drogenparadies. Auch heute wird noch mit Rauschdrogen gehandelt, aber die Strafen sind drastisch.

## Sommerzeit

→ Zeit

## Souvenirs

→ Einkäufe

## Sporthäfen und Ankerplätze

s. S. 132

## Sprache

In den Touristikzentren auf Ibiza und Formentera kommt man mit Deutsch, notfalls mit Englisch gut aus; die überwiegend vom spanischen Festland stammenden Saison-Arbeitskräfte in Hotellerie und Gastronomie sind genügend fremdsprachenkundig.

Die einheimische Bevölkerung spricht das der katalanischen Sprache angehörende Inselidiom (Ibicenc = Ibizenkisch; vgl dazu den Artikel 'Sprache' in der Einleitung, S. 17).

| NAMEN (Kurzformen) in alphabet. Folge | LAGE auf der jeweiligen Insel | MERKMALE | EINRICHTUNGEN |
|---|---|---|---|
| **Ibiza** | | | |
| Cala Bassa | Westspitze | geschützter Ankerplatz, Fährboote | Badebetrieb |
| Cala Beniarraix | Nordküste | einsam, wenig geschützt; davor Felsnadel | keine Versorgung |
| Cala Caná | Nordostküste | Sportboothafen; sandiger Ankergrund | Badebetrieb; Hotels |
| Cala Llenya | Nordostküste | nach Osten offener Ankerplatz | Feriensiedlung |
| Cala Llonga | Ostküste | nach Osten offen; hohe Steilufer | Hotels |
| Cala Mastella | Nordostküste | kleiner, verborgener Fischerhafen | keine Versorgung |
| Cala Portinatx | Nordspitze | vielfach verzweigt; geschützt | Hotels |
| Cala Salada | Westküste | kleiner, flacher Ankerplatz; einsam | keine Versorgung |
| Cala Sant Vicent | Nordostküste | relativ geschützte Ankerbucht | Badebetrieb; Hotels |
| Cala Serra | Nordspitze | reizvoll, aber wenig geschützt | keine Versorgung |
| Cala Vedella | Südwestküste | gut geschützter Ankerplatz; Betonplattform für Fährboote | Badestrand; Bars; oben Ferienclubs |
| Sa Canal | Südspitze | uralter, geschützter Ankerplatz | Salzverschiffung |
| Illa Tagomago | Nordostspitze | uralter Ankerplatz in der Westbucht der Insel | keine Versorgung |
| Port Torrent | Westküste | kleiner Fähr- und Sportboothafen | Hotels |
| Port Eivissa | Südostküste | Haupthafen der Insel; Kaianlagen für Handels- und Fährschiffe sowie Fischer; Ankerplätze hinter der Schutzmole und im Innern des Hafens; moderner Jachthafen an der Nordseite | Club Náutico; Wasser, Kraftstoff, Bootsbedarf, Slip, Kran, Werkstätten |
| Sant Antoni de Portmany | Westküste (Bucht) | zweiter Hafen der Insel; kleine Mole und Stege im Innern; Liegeplätze an der langen Schutzmole | Club Náutico; Wasser, Kraftstoff, Slip |
| Port Sant Miquel | Nordwestküste | geschützter Ankerplatz (kein Hafen) | Wasser, Lebensmittel; Hotels |
| **Espalmador** | | | |
| Cala Torretes | Nordwestseite | geschützter Ankerplatz; heikle Einfahrt | keine Versorgung |
| Port Espalmador | Südseite | ruhige Bucht, geschützter Ankerplatz | keine Versorgung |
| **Formentera** | | | |
| Cala Savina | Nordwestseite | geschützter, flacher Hafen (Kleinboote); Schutzmole zum Festmachen; Kai für Fähr- und Frachtboote | Lebensmittel; Slip; Kraftstoff in San Francisco Javier |
| Estany del Peix | Nordwestseite | Lagune südlich der Cala Sabina; Ankerplatz für flachgehende Boote, ziemlich geschützt | dito |

## Straßennetz

Ibiza

Die Hauptstraßen auf Ibiza gehen strahlenförmig von Ibiza Stadt aus. Sie sind durchweg in gutem Zustand. Die Breite der Nebenstraßen ist manchmal nur für ein Fahrzeug ausreichend, doch gibt es genügend Ausweichstellen.

Formentera

Die großen Straßen von La Savina nach Sant Francesc, rund um den Estany Pudent sowie quer durch die Insel zur Punta de sa Ruda sind gut ausgebaut; die Straße vom Inselhauptort nach Süden zum Cap de Barbaria allerdings ist im zweiten Abschnitt ziemlich schlecht.

Verkehrsvorschriften

→ dort

## Taxi

Auf Ibiza und Formentera sind die Entfernungen überschaubar, und wer nicht oft größere Strecken zurücklegen muß oder seiner Fahrtüchtigkeit in den späten Nacht- oder frühen Morgenstunden nicht mehr gewiß ist, greift am besten auf eines der relativ preiswerten Taxis zurück. In Ibiza Stadt gibt es zwei Taxistände, einen an der Südseite des Hafenbeckens nahe beim Obelisken, einen weiteren am westlichen Ende des Passeig Vara de Rey. Selbstverständlich gibt es auch am Flughafen Taxis.
In Santa Eulària des Riu befindet sich der Taxistand am Carrer Sant Jaume, der den Ort von Südwesten nach Nordosten durchziehenden Hauptstraße; in Sant Antoni de Portmany beim inneren Teil des Hafens am Passeig Maritim bzw. dem Carrer de Balanzat.

## Telefon

Zuständig für die Telefonverbindungen ist die Telefónica.

Ländernetzkennzahlen

von Deutschland, Österreich und der Schweiz nach Spanien: 00 34
Wird aus diesen Ländern nach den Pityusen telefoniert, so entfällt die 9 der spanischen Provinzkennzahl; Beispiel:
Vorwahl von Deutschland nach Eivissa: 00 34 / 71.

Von Spanien nach Deutschland: 07 49
von Spanien nach Österreich: 07 43
von Spanien in die Schweiz: 07 41

Bei Anrufen von Spanien ins Ausland entfällt die Null der jeweiligen Ortsnetzkennzahl!

Telefonzellen

Aus öffentlichen Telefonzellen mit der Aufschrift "internacional" kann man mit 100-, 200-, und 500-Peseten-Münzen nach Deutschland, Österreich und in die Schweiz telefonieren. Von Kartentelefonen kann man mit tarjetas telefónicas (erhältlich in estancas = Tabakgeschäften und Sparkassen) zu 1 000 und 2 000 Pesetas telefonieren. Am preisgünstigsten telefoniert man werktags zwischen 22.00 und 8.00 Uhr sowie am Wochenende Sa. – Mo. 14.00 – 8.00 Uhr.

Telefongespräche vom Hotel sind im allgemeinen erheblich teurer als von öffentlichen Fernsprechzellen.

**Deutschland-Direkt**

Von Spanien bzw. Barcelona kann unter der Telefonnummer **900-99-0049** die Vermittlungszentrale der Deutschen Telekom AG (operator-Service

| | |
|---|---|
| Telefon, Deutschland-direkt (Fortsetzung) | Deutschland-Direkt; 00.00 bis 24.00 Uhr) gebührenfrei angerufen werden, die das Gespräch an den gewünschten Gesprächsteilnehmer in Deutschland weitergibt. Nach dem erklärten Einverständnis des Angerufenen erfolgt die Berechnung der recht hohen Vermittlungs- und der Gesprächsgebühr auf dessen Fernmeldekonto. |
| mit der T-Card der Deutschen Telekom | Ist man im Besitz der T-Card der Deutschen Telekom, kann man auch über die zuvor erwähnte Zugangsnummer **900-99-0049** mit den Gebühren das eigene Konto belasten; detaillierte Informationen sind in Deutschland unter der T-Card-Hotline (01 30) 20 50 erhältlich. |

## Touristen-Information

→ Auskunft

## Trinkgeld

Das Bedienungsgeld (span. servicio) ist in Hotels und Restaurants wie in den meisten Ländern durch einen Aufschlag auf die Rechnung ersetzt, doch gibt man Kellnern (span. camarero), Zimmermädchen (span. camarera oder muchacha), Gepäckträgern (das Tragen des eigenen Koffers ist nicht üblich), Hausdienern (beide span. mozo) u.a. ein kleines Trinkgeld (span. propina), vor allem wenn man Sonderleistungen in Anspruch genommen hat.

Auch Aufseher bei Sehenswürdigkeiten sowie Platzanweiser in Kinos, Theatern, Stierkampfarenen u.a. erwarten ein Trinkgeld, so daß es ratsam ist, stets etwas Kleingeld bei sich zu führen.

## Uhrzeit

→ Zeit

## Unterkunft

→ Hotels
→ Ferienclubs
→ Ferienwohnungen

## Veranstaltungen

| | |
|---|---|
| 5. Januar | Reis Mags (Santos Reyes); Einzug der Hl. Drei Könige; Feuerwerk; Kinderbescherung (vgl. 24.12.) |
| 17. Januar | Sant Antoni de Portmany: Sant Antoni (Antoniusritt), Prämiierung der geschmückten Tiere |
| 12. Februar | Santa Eulària des Riu: Santa Eulalia (Fest der Schutzheiligen) |
| 19. März | vielerorts: Sant Josep (Fest des Schutzheiligen) |
| Karwoche | vielerorts: Setmana Santa; Gründonnerstags- und Karfreitagsprozessionen |

| | |
|---|---|
| vielerorts: Sant Jordi (Fest des Schutzheiligen) | Veranstaltungen, 23. April |
| Santa Eulària des Riu: Festa de la Flor (Blumen- und Pflanzenschau) | Erster Maisonntag |
| Eivissa: Schiffsprozession und Regatta | 16. Juni |
| überall: Spanischer Nationalfeiertag | 18. Juni |
| Eivissa und Sant Joan de Labritja: Sant Joan (seit dem 14. Jh.); am Sonntag zuvor Einladung durch 'caixers'; Reiterspiele, Folklore, Volksfest; Ende des traditionellen Bauernjahres | 23./24. Juni |
| Sant Pere (Fest des Schutzheiligen); Schiffsprozession in den Häfen | 29. Juni |
| Sant Francesc de Formentera: Prozession, Volkstanz | 30. Juni |
| Sant Antoni de Portmany: Virgen del Carmen; Schiffsprozessionen, Sportwettbewerbe, Volksbelustigungen, Tanz | 15./16. Juli |
| auf Formentera: Sant Jaume (hl. Jakobus; spanischer Nationalheiliger); große Volksfeste, Volkstänze, Feuerwerk | 25. Juli |
| Eivissa: Mare de Deu de Neu (hl. Maria vom Schnee; Schutzheilige der Kathedrale und der Pityusen); Regatta, Sportwettbewerbe, Stierkämpfe, Hunderennen, Umzüge, Tanz | Ende Juli bis Anfang August |
| Eivissa: Sant Salvador (Schutzheiliger der Seeleute) | 4.–8. August |
| Ibiza, Formentera: Sant Ciriac; Gedenktag für die Reconquista | 8. August |
| vielerorts: Assumpció (Mariä Himmelfahrt); Kirchenfeiern | 15. August |
| Sant Antoni de Portmany: Volksfest | 24. August |
| Santa Eulària des Riu: Volksfest | 8. September |
| überall: Diada Nacional de Catalunya (katalonischer Nationalfeiertag) | 11. September |
| vielerorts: Diada de la Hispanitat (Tag der spanischen Nation) | 12. Oktober |
| vielerorts: Tots Sants (Allerheiligen) | 1. November |
| Sant Francesc de Formentera: Sant Francesc Javier (Fest des Schutzheiligen) | 3. Dezember |
| vielerorts: Inmaculat Concepció (Mariä Unbefleckte Empfängnis); Kirchenfeiern | 8. Dezember |
| in allen Kirchen: Nadal (Christi Geburt); Gottesdienste. – Keine Bescherung; diese zum Dreikönigstag (vgl. 5.1.) | 24. Dezember |

## Verkehrsmittel intrainsulär

**Flugzeug**

Es bestehen Flugverbindungen zwischen den drei großen Baleareninseln Mallorca, Menorca und Ibiza; die Linienmaschinen verkehren mehrmals täglich. Formentera ist nur mit dem Schiff (Autofähre oder Schnellboot) von Ibiza Stadt zu erreichen.

**Schiff**

Es gibt Schiffsverbindungen von Ibiza nach Palma de Mallorca und von dort nach Mahón auf Menorca; ferner von Ibiza nach Formentera.

Verkehrsmittel intrainsulär (Fortsetzung)

Die Verbindungen mit Autofährschiffen nach Mallorca (zwei- bis dreimal wöchentlich) bzw. von dort nach Menorca (einmal wöchentlich) werden durch die Compañía Trasmediterranea hergestellt.

Auskünfte und Buchungen auf Ibiza:
Compañía Trasmediterranea
Carrer Bartolomé Vicente Ramón 21
E-07800 Eivissa
Tel. (9 71) 30 16 50

Fährverbindung zwischen Ibiza und Formentera

Die zwischen Ibiza und Formentera verkehrenden Schiffe sind relativ klein, gestatten aber gleichfalls den Transport von Fahrzeugen. Wegen der geringen Kapazität ist Vorausbuchung zumindest für den Autotransport erforderlich; die Fahrzeit beträgt rund eine Stunde. Wer ein Leihfahrzeug fährt, muß beachten, daß das Verbringen auf eine andere Insel (also auch nach Formentera!) von den Verleihfirmen meist nicht gestattet wird. Im übrigen ist der Autotransport nicht billig, so daß es in jedem Falle günstiger sein dürfte, für die Besichtigung von Formentera dort ein Fahrzeug zu mieten.
Neben den Autofähren gibt es auch Schnellfähren (nur für den Personentransport) in Doppelrumpfbauweise, welche die Strecke von Ibiza nach Formentera in 25 Minuten zurücklegen.

Betreiber der Fährschiffslinie sind die Unión Marítima Formentera Ibiza S.A. (UMAFISA) und die Flebasa Lines; Reservation und Kartenverkauf an den Hafenmolen in Eivissa (Ibiza-Stadt und La Savina). Die Schiffe verkehren in der Hochsaison bis zu sechsmal (sonn- und feiertags fünfmal) täglich in beiden Richtungen; außerhalb der Hauptreisezeit nur etwa drei- bis viermal (sonn- und feiertags zwei- bis viermal) täglich.
Kleinere Schiffe ausschließlich für den Personentransport verkehren gleichfalls zwischen dem Hafen von Ibiza Stadt und dem Hafen La Sabina auf Formentera.

Autofähren zum Festland

→ Anreise, Autofähren

## Verkehrsvorschriften

In Spanien besteht wie im übrigen kontinentalen Europa Rechtsverkehr.

Sicherheitsgurte müssen während der Fahrt angelegt werden; Kinder unter 10 Jahren sind ausschließlich auf den Rücksitzen zu befördern.
Vorfahrt hat grundsätzlich das von rechts kommende Fahrzeug (z.B. auch bei Nebenstraßen in Städten); Ausnahmen sind entsprechend beschildert.

Beim Linksabbiegen außerhalb der Ortschaften fährt man zunächst an den rechten Straßenrand und wartet dort, bis die Straße frei ist; manchmal sind an Kreuzungen die Fahrspuren entsprechend geführt und beschildert.
Biegt man nach links in eine bevorrechtigte Straße ein, so gelangt man oft zunächst auf eine links parallel zur Hauptfahrbahn verlaufende Beschleunigungsspur, von der man sich dann nach rechts in den fließenden Verkehr einordnet.

Beim Überholen muß in Spanien während des gesamten Vorganges der Fahrtrichtungsanzeiger zuerst nach links und dann wieder nach rechts betätigt werden. Beim Überholen und vor Kurven ist Hupen (bei Dunkelheit Lichthupe) obligatorisch. Besondere Vorsicht vor überholenden Lastkraftwagen!

Auf gut beleuchteten Straßen (außer Schnellstraßen und Autobahnen) darf in Spanien nur mit Standlicht gefahren werden; Vorsicht vor unbeleuchteten Fahrzeugen!

Verkehrsvorschriften (Fortsetzung)

Das Parken in Einbahnstraßen ist an Tagen mit gerader Datumszahl nur auf der Straßenseite mit geraden Hausnummern gestattet (entsprechend bei ungeraden Zahlen).

In den vor allem in den Abendstunden sehr belebten Städten weichen die Fußgänger nicht selten nur ungern von der Fahrbahn. Auch auf den verhältnismäßig verkehrsarmen Überlandstraßen ist höchste Aufmerksamkeit angeraten, da die ländliche Bevölkerung die Verkehrsregeln oft nur ungenügend beachtet. Zudem machen vielfach Tiere die Straßen unsicher.

Strenge Fahrdisziplin ist im Ausland schon im Interesse des eigenen nationalen Ansehens ganz besonders erforderlich. Den Weisungen der Policia de Tráfico (Verkehrspolizei) in den Städten bzw. der Guardia Civil (Gendarmerie) auf dem Lande ist unbedingt Folge zu leisten. Bei Nichtbeachtung von Handzeichen muß damit gerechnet werden, daß die Polizei von der Schußwaffe Gebrauch macht (nicht selten Razzien auf Terroristen)!

Bei Übertretung der Verkehrsvorschriften sind die unverzüglich an Ort und Stelle kassierten Bußgelder empfindlich hoch.

Promillegrenze

Die Höchstgrenze für den Blutalkoholgehalt liegt bei 0,8 Promille.

Die Folgen von Unglücks- oder Schadensfällen im Ausland sind meist unabsehbar. Bei Unfällen – gleichgültig, ob man sie verschuldet hat oder nicht – muß der Kraftfahrer gewärtig sein, daß sein Fahrzeug beschlagnahmt wird (Freigabe meist erst nach etwa erforderlicher Gerichtsverhandlung); in schweren Fällen kann der Fahrzeuglenker sogar inhaftiert werden. Man benachrichtigt nach jedem Unfall unverzüglich die auf der 'Grünen Karte' aufgeführte spanische Versicherungsgesellschaft, damit für die Stellung einer eventuell geforderten Kaution gesorgt werden kann. Abschleppen durch Privatfahrzeuge ist verboten. Über das Verhalten nach Unfällen mit Mietwagen geben die Mietunterlagen des Fahrzeuges Auskunft.

Höchstgeschwindigkeit

Für Kraftfahrzeuge gelten in Spanien folgende Höchstgeschwindigkeiten:
auf Autobahnen 120 km/h,
auf Kraftfahrstraßen 100 km/h,
auf anderen Straßen 90 km/h,
innerhalb von Ortschaften 50 km/h.

## Wandern

Fußwandern

Die weitere Umgebung der größeren Inselorte (Eivissa, Santa Eulària des Riu, Sant Antoni de Portmany und Sant Joan de Labritja) sind von schönen, gepflegten Wanderwegen durchzogen. Die mit dem Leonorenfalken geschmückten Informationstafeln unterrichten über Länge, Schwierigkeitsgrad und Sehenswertes an der Route.

Radwandern

Auf den Balearen und Pityusen erfreut sich das Radwandern zunehmender Beliebtheit; Fahrräder können vielerorts gemietet werden. Zu empfehlen ist der Kompass Radwanderführer Balearen.

## Wassersport

Windsurfen

Ibiza ist ein Dorado für Wassersportler jeglicher Art. Besonders aktiv sind die Windsurfer, die hier an der weniger felsigen Südostküste (insbesondere an der Punta Arabí und in der Bucht von Talamanca, in unmittelbarer Nähe der Inselhauptstadt) herrliche Reviere vorfinden und auch Gerät leihen können.

Wassersport (Fortsetzung)

Auf Formentera befinden sich die besten Surfreviere an der nördlichen Landspitze sowie an der weiten Playa Mitjorn.

Schnorcheln Tauchen

Die felsigen Küstenabschnitte sind ideale Reviere für Schnorchler und Gerätetaucher; von den wichtigeren Ferienzentren und Häfen werden auch Tauchexkursionen durchgeführt. Man erkundige sich vor Ort.
Es ist dringend anzuraten, beim Schnorcheln ein helles T-Shirt zu tragen, denn die intensive Sonneneinstrahlung kann sonst innnerhalb kürzester Zeit zu starkem Sonnenbrand führen.
Wer seinen eigenen Lungenautomaten mitbringt, benötigt u.U. einen Adapter zum Anschluß an Leihflaschen.

Segeln

Gleichfalls zahlreich sind die Gelegenheiten zum Segeln; großer Beliebtheit erfreuen sich Törns nach Formentera, die allerdings ziemlich unruhig werden können, sobald die schützenden Inseln südlich von Ibiza querab liegen.

Schwimmen

Die besten Badestrände findet man an Ibizas Südwest-, Nordwest- und Nordküste. In der Nähe der großen Ferienzentren (Eivissa, Sant Antoni de Portmany, Santa Eulària des Riu) ist die Wasserqualität allerdings häufig derart beeinträchtigt, daß das Baden nicht mehr empfohlen werden kann.

Die wichtigen offiziellen Badestrände sind überwacht, und die aktuelle Lage wird durch farbige Wimpel angezeigt (grün: Baden uneingeschränkt möglich; gelb: Baden gefährlich; rot: Baden verboten).

Hinweis

An den meisten kleineren Stränden und Badebuchten herrscht striktes Hundeverbot.

Sporthäfen und Ankerplätze

→ dort

# Zeit

In Spanien gilt während des Winters die Mitteleuropäische Zeit (MEZ); für die Zeit von Anfang April bis Ende September wurde die Sommerzeit (MEZ + 1 Std.) eingeführt.

# Zollbestimmungen

EU-Binnenmarkt

Seit dem 1. Januar 1993 bilden die Mitgliedsstaaten der Europäischen Union (EU), darunter Spanien, Deutschland und Österreich, einen gemeinsamen Wirtschaftsraum, den EU-Binnenmarkt, innerhalb dessen Waren für den privaten Gebrauch eigentlich ohne Beschränkung ein- und ausgeführt werden dürfen. Allerdings gibt es gewisse Richtmengen, deren Überschreitung – neben anderen Kriterien – als Indiz für gewerbliche Einfuhr gelten kann; dies sind 800 Zigaretten, 400 Zigarillos, 200 Zigarren, 1 kg Rauchtabak, 10 l Spirituosen, 20 l Zwischenerzeugnisse, 90 l Wein (davon max. 60 l Schaumwein), 110 l Bier. Bei Stichproben durch die Finanzbehörden ist glaubhaft zu machen, daß die Waren wirklich nur privaten Zwecken dienen.

Für Waren, die in den bis Ende 1999 bestehen bleibenden Duty-Free-Shops erworben wurden, gelten die Höchstmengen des Warenverkehrs mit Nicht-EU-Ländern (s. unten).

Auf Flughäfen und Schiffen werden Zollkontrollen vorerst weiterhin vorgenommen. Weitere Informationen erteilen die Spanischen Fremdenverkehrsämter (→ Auskunft).

Einreise nach Spanien aus Nicht-EU-Ländern

Für Reisende aus Nicht-EU-Ländern, z. B. Schweizer Staatsbürger, liegen die Freimengengrenzen für Personen über 18 Jahre bei 200 Zigaretten oder 100 Zigarillos oder 50 Zigarren oder 250 g Rauchtabak sowie 2 l Wein und 2 l Schaumwein oder 1 l Spirituosen mit einem Alkoholgehalt von mehr als 22 Vol.-%-Alkoholgehalt oder 2 l Spirituosen mit weniger als 22 Vol.-%-Alkoholgehalt, 50 g Parfüm und ein Viertel Liter Eau de Cologne, 500 g Kaffee oder 200 g Pulverkaffee, 100 g Tee oder 40 g Tee-Extrakt.

Wiedereinreise in die Schweiz

Abgabenfrei sind Reiseproviant sowie gebrauchtes persönliches Reisegut; außerdem für Personen ab 17 Jahre an Tabakwaren 200 Zigaretten oder 50 Zigarren oder 250 g Rauchtabak, an alkoholischen Getränken 2 l mit bis zu 15 Vol.-%-Alkoholgehalt und 1 l mit mehr als 15 Vol.-%-Alkoholgehalt; ferner Geschenke im Wert bis 100 sfr., für Personen unter 17 Jahre bis 50 sfr. (eine Prüfung der Anpassung dieser Werte an die EU-Beträge ist geplant).

# Register

Hinweis: Die Stichworte zum Abschnitt 'Kurzausflüge nach Mallorca' sind durch den Zusatz (MA) kenntlich gemacht.

## Verzeichnis der Karten und graphischen Darstellungen

## Bildnachweis

Archiv für Kunst und Geschichte: S. 22
Baedeker-Archiv: S. 23
Bohnacker: S. 20, 26, 79
Ministerio de Cultura: S. 51 (2×)
Nahm/Pfaffinger: S. 1, 2, 5 (2×), 7 (2×), 13, 16, 31, 43, 46, 47, 49 (2×), 50, 52, 54 (2×), 56, 60 (2×), 62, 63, 64, 68 (2×), 71, 72, 73, 74, 76 (2×), 78, 80, 81, 82, 83, 84, 112 (2×), 121, 122, 130
Schapowalow: Dommnich (S. 125), Huber (S. 86/87), Picker (S. 36/37, 66)
Sittl: S. 22
Zefa: Eugen (S. 6 unten), Mehlig (S. 6/7, 8/9), Zefa (S. 6 oben)

## Impressum

Ausstattung: 60 Abbildungen (Bildnachweis s. oben)
5 Stadtpläne, 3 Sonderpläne, 2 graphische Darstellungen, 1 Inselkarte
Text (z.T. auf der Grundlage von Baedekers Kompakt-Reiseführer “Mallorca/Balearen”):
Peter M. Nahm, Ostfildern

Bearbeitung: Baedeker-Redaktion (Peter M. Nahm)

Kartographie: Computerkartographie Huber, München;
Mairs Geographischer Verlag, Ostfildern (große Inselkarte)

Gesamtleitung: Rainer Eisenschmid, Baedeker Stuttgart

3. Auflage 1997



Druck: Mairs Graphische Betriebe GmbH & Co., Ostfildern
Printed in Germany
ISBN 3-87504-224-7

**Gedruckt auf 100% chlorfreiem Papier**

## Verlagsprogramm

### *Städte in aller Welt*

Amsterdam
Athen
Bangkok
Barcelona
Berlin
Brüssel
Budapest
Dresden
Düsseldorf
Florenz
Frankfurt am Main
Hamburg
Hongkong
Istanbul
Jerusalem
Köln
Kopenhagen
Lissabon
London
Madrid
Moskau
München
New York
Paris
Potsdam
Prag
Reutlingen · Tübingen
Rom
San Francisco
Sankt Petersburg
Singapur
Stuttgart
Tokio
Venedig
Weimar
Wien

### *Reiseländer · Großräume*

Ägypten
Australien
Baltikum
Belgien
Brasilien
China
Dänemark
Deutschland
Deutschland Ost
Dominikanische Republik
Frankreich
Griechenland
Großbritannien
Indien
Irland
Israel
Italien
Japan
Kanada
Karibik
Kuba
Luxemburg
Marokko
Mexiko
Motorradtouren in Italien
Namibia
Nepal
Neuseeland
Niederlande
Norwegen
Österreich
Polen
Portugal
Schweden
Schweiz
Skandinavien
Spanien
Südafrika
Thailand
Tschechien · Slowakei
Tunesien
Türkei
Ungarn
USA · Vereinigte Staaten von Amerika

### *Regionen · Inseln · Flüsse*

Algarve
Andalusien
Bali
Bodensee
Bretagne
Burgund
Capri
Costa Brava
Deutsche Weinstraße
Elba
Elbe-Kreuzfahrt
Elsaß/Vogesen
Florida
Fuerteventura
Gran Canaria
Griechische Inseln
Harz
Hawaii
Ibiza
Ischia
Istrien · Dalmatinische Küste
Italienische Riviera
Kalifornien
Korsika
Kreta
Kykladen
Lanzarote
Loire
Madeira
Mallorca
Malta
Mecklenburg-Vorpommern
Oberbayern
Provence · Côte d'Azur
Rhein
Rhodos
Rügen
Ruhrgebiet
Sachsen
Salzburger Land
Sardinien
Schottland
Schwäbische Alb
Schwarzwald
Seychellen
Sizilien
Südtirol
Teneriffa
Tessin
Toskana
Türkische Küsten
Umbrien
USA · Südstaaten
Zypern

### *Städte in Deutschland und der Schweiz*

Augsburg
Bamberg
Basel
Berlin (gr. + kl.)
Bonn
Bremen
Celle
Darmstadt
Freiburg
Hannover
Heidelberg
Konstanz
Leipzig
Lübeck
Mainz
Mannheim
Nürnberg
Regensburg
Trier
Wiesbaden